Angelika Wolk-Gerche

Zauberhafte Elfenkinder

Angelika Wolk-Gerche

Zauberhafte *Elfenkinder*

Verlag Freies Geistesleben

1. Auflage 2007

Verlag Freies Geistesleben
Landhausstraße 82, 70190 Stuttgart
Internet: www.geistesleben.com

ISBN 978-3-7725-2186-7

Fotos: Thomas Klink, Foto Seite 59 Charlotte Fischer
Zeichnungen: Angelika Wolk-Gerche
Umschlag & Layout: Maria A. Kafitz
Satz: Bianca Bonfert
Druck: Egedsa, Sabadell / Spanien

Inhalt

Einleitung

Einleitung

Gesang der Elfen

Um Mitternacht,
Wenn die Menschen erst schlafen,
Dann scheinet uns der Mond,
Dann leuchtet uns der Stern,
Wir wandeln und singen
Und tanzen erst gern.

Um Mitternacht,
Wenn die Menschen erst schlafen,
Auf Wiesen an den Erlen,
Wir suchen unseren Raum
Und wandeln und singen
Und tanzen einen Traum.

Johann Wolfgang von Goethe

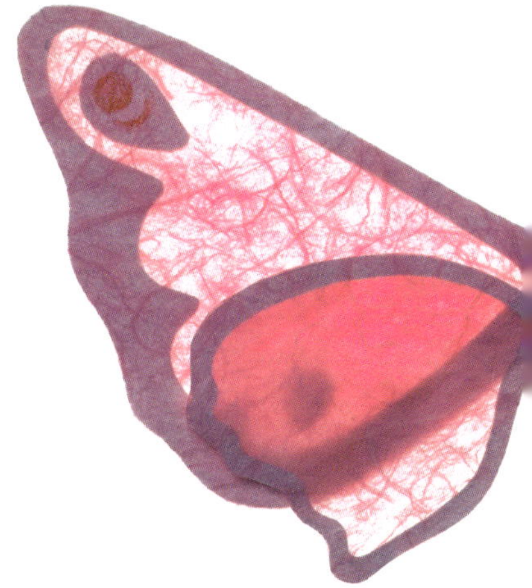

Die Erscheinungsformen der Elfen sind unüberschaubar vielfältig. Als Boten zwischen den Naturmächten und uns Menschen sind sie bestimmten Pflanzen zugeordnet, aber auch Mineralien, Metallen, Naturerscheinungen und Landschaften. In allen Kulturen dieser Erde hat das Elfenreich seit Urzeiten einen festen Platz, und die Faszination, die das rätselhafte Feenvolk nicht nur auf Kinder, sondern auch auf Erwachsene ausübt, ist ungebrochen. Das zeigt sich nicht zuletzt anhand der Fülle neuer und alter Fantasie-Literatur, anhand von Kinofilmen, Zeichentrickfilmen, Kinderbüchern etc., die sich alle mit der «Anderswelt» befassen, auch wenn sie hinsichtlich ihrer Qualität sehr große Unterschiede aufweisen.

Im Folgenden soll versucht werden, einen Blick von der Welt der Elementargeister zu erhaschen, indem wir betrachten, was z.B. die Gebrüder Grimm zu diesem Thema herausgefunden haben und was William Shakespeare sowie feinsinnige Menschen von heute mitzuteilen haben. Darüber hinaus wird der Versuch gewagt, die eigentlich unsichtbaren Elfen – bei allem Respekt – einmal sichtbar zu machen. Von fleißigen, geschickten Händen «erschaffen», dürfen sie sodann Kinderzimmer, Wohnstuben und Blumenfenster bevölkern.

Die Elfen in diesem Buch gehören vorwiegend dem Reich der Blumen, Früchte und Bäume an. Es sind kindliche Elfen – sie entsprechen dem Kindchenschema, haben runde Gesichter, sind pummelig und quirlig. Es gibt Elfenjungen und Elfenmädchen, wobei die Elfenjungen meist kräftigeren, herzhafteren Pflanzen wie z.B. Walnüssen, Kastanien und Pilzen angehören und in ihrer Farbigkeit gedeckter und etwas dunkler sind als die Elfenmädchen.

Alle haben Flügel (Elfen müssen nicht notwendigerweise Flügel haben!) als Assoziation an «Leichtigkeit», «Schweben», «Luftigkeit», «große Beweglichkeit». So schön wie die «richtigen» Elfen können sie niemals sein, denn kein Mensch ist imstande, sie so schön zu machen. Nicht zuletzt auch deshalb, weil die Schönheit der Elfen außerhalb dessen liegt, was Menschenaugen erfassen können. Trotzdem sollten wir uns be-

mühen, sie so schön wie irgend möglich zu machen. Dazu gehören beste «Zutaten», die aus Lebensprozessen hervorgegangen sind: Seide, Wolle, Blätter, Baumwolle, Papier.
Dazu gehört ebenso die richtige seelische Stimmung während der Arbeit. Wer ungeduldig ist, wird kaum eine wirklich schöne Elfe hinbekommen. Um sich in die richtige Stimmung zu versetzen, sollte man sich vorstellen, dass eine «echte» Elfe einen möglicherweise beobachten könnte! Ist unsere kleine Elfe dann endlich fertig und gelungen und erfreut sich ein Menschenkind an ihr, so dürfen wir sicher sein, dass eine wohlwollende Fee uns bei der Arbeit unterstützt hat. Wohnen darf die Elfe aus Wolle und Seide schließlich in einem hübschen Elfenreich, das wir gemeinsam mit den Kindern z.B. aus Moos, Seidentüchern und verschiedenen Naturmaterialien bauen können und das sich immer wieder, den Jahreszeiten entsprechend, verändern lässt. Eine andere Möglichkeit ist, die Figur an einem fast unsichtbaren Nylonfaden im Zimmer schweben zu lassen. Bei jedem Lufthauch fängt sie sogleich zu tanzen an und bietet immer wieder ein anderes Bild.
Die folgenden Anleitungen müssen keineswegs minutiös befolgt werden. Es sind lediglich Vorschläge, die jeder nach seinen eigenen Empfindungen und «Eingebungen» variieren kann. In jeder Figur stecken ca. zwei Tage Arbeit.

Nun wünsche ich allen viel Freude beim Lesen und Gestalten – und dass eine Elfe einmal durch's Zimmer huschen möge …

Angelika Wolk-Gerche

Das geheime Leben der

Elfen

In allen Ländern dieser Erde erzählt man sich Geschichten von Elfen. Besonders detailreiche und tiefgründige Schilderungen gab es bei den Iren. Im Jahre 1825 haben die Gebrüder Grimm die erste Sammlung irischer Elfenmärchen in Kassel ins Deutsche übersetzt. Es sind Erzählungen voller mythologischer Bilder, die ihre Wurzeln im keltischen Volksgut haben. Der folgende Auszug aus dieser bemerkenswerten Sammlung erlaubt uns Einblicke in eine wunderbare, rätselhafte Welt:

«An Schönheit kommt kein anderes überirdisches Wesen den Elfen gleich, und es scheinen sich darin noch Spuren ihres ursprünglichen Zustandes erhalten zu haben. (Hinweis: Elfen sind ihrem Ursprung nach Engel.) Sie sind im Ganzen klein von Gestalt, aber außerordentlich wohl gegliedert. Die Elfinnen besonders sollen die reizendsten Wesen von der Welt sein. Ihre Augen glänzen wie Sterne, auf ihren Wangen ist Weiß und Rot auf das Zarteste gemischt, ihre Lippen gleichen Korallen, ihre Zähne dem Elfenbein …»

«… Sie haben einen luftigen, fast durchsichtigen Körper, der so zart ist, dass ein Tautropfen, wenn sie darauf springen, zwar zittert, aber nicht auseinanderrinnt. Dabei sind sie von wunderbarer Schönheit, Elfen sowohl als Elfinnen, und sterbliche Menschen können mit ihnen keinen Vergleich aushalten. Sie leben nicht einsam oder paarweise, sondern allezeit in großen Gesellschaften. Den Menschen sind sie unsichtbar, zumal am Tage, und da sie zugegen sein und mit anhören könnten, was man spricht, so drückt man sich nur vorsichtig und mit Ehrerbietung über sie aus und nennt sie nicht anders als das gute Volk, die Freunde; ein anderer Name würde sie beleidigen. Sieht man auf der Landstraße große Wirbel von Staub aufsteigen, so weiß man, dass sie im Begriffe sind, ihre Wohnsitze zu verändern …»
«Ihre Häuser aber haben sie in Steinklüften, Felsenhöhlen und alten Riesenhügeln. Innen ist alles aufs Glänzendste und Prächtigste eingerichtet, und liebliche Musik, die zuweilen nächtlich daraus hervordringt, hat noch jeden entzückt, der so glücklich gewesen ist, sie zu hören. In den

Sommernächten, wenn der Mond scheint, am liebsten in der Erntezeit, kommen die Elfen aus ihren geheimen Wohnungen hervor und versammeln sich zum Tanz auf gewissen Lieblingsplätzen, gleichfalls heimliche und verborgene Orte, wie Bergtäler, Wiesengründe bei Bächen und Flüssen, Kirchhöfe, wohin selten Menschen kommen. Oft feiern sie ihre Feste unter geräumigen Pilzen oder ruhen unter ihrem Schirmdach. Bei dem ersten Strahl der Morgensonne verschwinden sie wieder, und es ist, als rausche ein Schwarm Bienen oder Mücken dahin. Ihre Kleidung ist schneeweiß, manchmal silberglänzend (Hinweis: Nach schottischen Quellen ist ihre Kleidung einfach und von grüner Farbe.); notwendig gehört dazu ein Hut oder ein Käppchen, wozu sie meist die roten Blütenglocken des Fingerhuts wählen und wodurch sich Parteien auszeichnen.

Die geheimen Kräfte der Elfen, ihre Zaubermacht ist so groß, dass sie kaum Grenzen kennt. Nicht bloß die menschliche, jede andere Gestalt, selbst die abschreckendste, können sie augenblicklich annehmen, und es ist ihnen ein Leichtes, in einer Sekunde über eine Entfernung von fünf Stunden hinweg zu springen. Vor ihrem Anhauch schwindet jede menschliche Kraft ...»

«... Die Elfen lieben über alles die Musik. Wer sie angehört hat, kann nicht beschreiben, mit welcher Gewalt sie die Seele erfülle und entzücke: gleich einem Strom dringe sie mächtig entgegen; und doch scheinen die Laute einfach, selbst eintönig und überhaupt Naturlauten ähnlich zu sein.

Zu ihren Belustigungen gehört das Ballspiel, das sie mit großem Eifer treiben und worüber sie oft bis zum Streit uneins werden können. Im kunstreichen Tanz übertreffen sie weit alles, was Menschen leisten können, und ihre Lust daran ist unermüdlich. Sie tanzen ununterbrochen, bis der Sonnenstrahl an den Bergen sich zeigt, und machen die kühnsten Sprünge ohne die mindeste Anstrengung. Nahrung scheinen sie nicht zu bedürfen. Sie laben sich an Tautropfen, die sie von den Blättern sammeln. Menschen, die vorwitzig sich nähern oder gar sie necken, bestrafen sie hart; sonst pflegen sie gegen wohlgesinnte, die ihnen vertrauen, freundlich und hilfreich zu sein ...»

Soweit die Gebrüder Grimm in ihren *Irischen Elfenmärchen*.

Ein bis heute auf den Theaterbühnen dieser Welt ungemein populäres Stück ist Shakespeares *Ein Sommernachtstraum*, das ca. 1593/94 entstand. Die fantastischen Handlungen in diesem Stück ereignen sich am Maifeiertag oder in der Mittsommernacht. Es ist die Zeit, in der die Elementargeister besonders übermütig sind – das soll bis heute so sein!

Feinsinnige Menschen berichten, dass sie an bestimmten alten, magischen Plätzen in der Natur den ausgelassenen Tanz der Elfen, den «Tanz der Energien», auch heute noch erleben können.

In Shakespeares Sommernachtstraum haben Elfen so originelle Namen wie Erbsblüte, Senfsamen, Motte, Spinnweb oder Ysop. In der ersten Szene des zweiten Aufzuges, die in einem Wald nahe Athen spielt, lauschen wir einem Wortspiel zwischen Droll (auch «Puck» oder «Hobgoblin» genannt) und einer Elfe:

Droll:
He, Geist! Wo geht die Reise hin?

Elfe:
Über Täler und Höhn,
Durch Dornen und Steine,
Über Gräben und Zäune,
Durch Flammen und Seen,
Wandl' ich, schlüpf ich überall,
Schneller als des Mondes Ball.
Ich dien der Elfenkönigin
Und tau ihr Ring' aufs Grüne hin.
Die Primeln sind ihr Hofgeleit;
Ihr seht die Fleck' am goldnen Kleid:
Das sind Rubinen, Feengaben,
Wodurch sie süß mit Düften laben.
Nun such die Tropfen Taus hervor
Und häng 'ne Perl' in jeder Primel Ohr.
Leb' wohl! Ich geh, du täppischer Geselle!
Der Zug der Königin kommt auf der Stelle …

Und mit folgenden Versen singen die Elfen ihre Königin Titania in den Schlaf:

Bunte Schlangen, zweigezüngt!
Igel, Molche, fort von hier!
Dass ihr euren Gift nicht bringt
In der Königin Revier!

Nachtigall, mit Melodei
Sing in unser Eia popei!
Eia popeia! Eia popeia!
Dass kein Spruch,
Kein Zauberfluch
Der holden Herrin schädlich sei.
Nun gute Nacht mit Eia popei!

Schwarze Käfer, uns umgebt
Nicht mit Summen! Macht euch fort!
Spinnen, die ihr künstlich webt,
Webt an einem anderen Ort!

Nachtigall …

Elfenbegegnungen heute

Besonders im nordeuropäischen Raum und bei naturverbundenen Völkern, die noch in alten Traditionen leben, gibt es viele Menschen, für die die Naturgeister eine seelisch-geistige Realität sind, so wie es für die meisten Menschen längst vergangener Jahrhunderte einmal gewesen sein soll. Sie nehmen und nahmen die beseelte Natur in inneren Bildern wahr, in denen Elfen, Zwerge, Undinen und Feuergeister wirken und wirkten. Seit der Zeit der alten Griechen wurde diese seelische Erlebnisfähigkeit mehr und mehr durch logisches Denken überlagert oder sogar ganz verdrängt.
Die Elfen, so wird berichtet, arbeiten am Wachstum der Pflanzen, sie sind die Wächter der Pflanzenwelt und lehren uns, in richtiger Weise mit den Pflanzen und allen Gaben der Natur umzugehen. Gedankenloser und zerstörerischer Umgang mit der Natur seitens des Menschen lässt sie erschaudern, sodass sie, fast ihrer eigenen Lebenskraft beraubt, schließlich fliehen. Zurück bleiben geistige Wüsten. In verschmutzten, kranken Wäldern und mit Chemie belasteten Gärten hält sich keine Elfe mehr auf – hier finden die Menschen nichts mehr, das ihrer physischen und psychischen Gesundheit gut tut.

Wer Einblicke in das Leben der Elfen nehmen durfte, berichtet von einer Welt voller Heiterkeit und Humor, voller Zauber und Licht! Man erzählt von Geschenken der Elfen an uns Menschen in Form von Kreativität, Geschick im Alltag, Großzügigkeit, Freundlichkeit und Heiterkeit.
Wer ihnen mit Grobheit und Spott begegnet, dem allerdings verschließen sie ihre Welt. Elfen kommunizieren mit uns. Sie fragen und antworten über Gefühle. Die «Anderswelt» liegt demnach auch in jedem von uns.

Elfchen dichten

Ein «Elfchen» ist ein kurzes Gedicht über fünf Zeilen, das aus nur elf Worten bestehen darf, daher der Name.
Die Worte werden in festgelegter Folge auf die fünf Zeilen verteilt. An jede Zeile ist eine Anforderung gebunden. Entwickelt wurde dieses literarische Spiel ursprünglich für den Schulunterricht, inzwischen hat es jedoch weit über die Klassenzimmer hinaus viele Freunde gefunden.
Was aber hat ein «Elfchen» mit unseren Elfen zu tun, die Thema dieses Buches sind? Auf den ersten Blick gar nichts, schaut man aber genauer hin, so gibt es durchaus Berührungspunkte: Ein «Elfchen» ist fantasievoll, es lässt uns kreativ werden, es erfreut uns und weitet den Horizont – alles Dinge, die als «Elfengeschenke» gelten. Wenn dann das «Elfchen» auch noch von Elfen handelt, wie in den folgenden Beispielen, schließt sich der Kreis und wir haben uns tatsächlich der Elfenwelt ein wenig angenähert!

So baut sich ein «Elfchen» auf:
Erste Zeile (1 Wort):
ein Gedanke, ein Gegenstand, eine Farbe, ein Geschmack o.Ä.
Zweite Zeile (2 Wörter):
Was macht das Wort aus der ersten Zeile?
Dritte Zeile (3 Wörter):
Wo oder wie ist das Wort aus der ersten Zeile?
Vierte Zeile (4 Wörter):
Was meinst du?
Fünfte Zeile (1 Wort):
Resümee, was kommt dabei heraus?

Beispiel:
1. Zeile: Fee
2. Zeile: dich spüren
3. Zeile: hell und leicht
4. Zeile: ist kaum zu glauben
5. Zeile: Zauberland

Zwei weitere «Elfen-Elfchen»

Elfenkind
buntes Blütenblatt
schwebt schon fort
selten hier zu sehen
Lichtwirbel

Grün
kleiner Elf
dicht am Gras
fast zum Greifen doch
unfassbar

Nun viel Freude beim Elfchen-Dichten, dabei muss es sich keineswegs immer um Elfen handeln.

Arbeitsanleitungen allgemein

Anleitungen

Elfen & Feen

Denn diese Wesen sind uns nicht täglich vor Augen,
sondern ganz selten, und wir sehen sie nur,
damit wir darum wissen, dass es sie gibt,
und sehen sie so, als erschienen sie uns im Schlaf.

Paracelsus

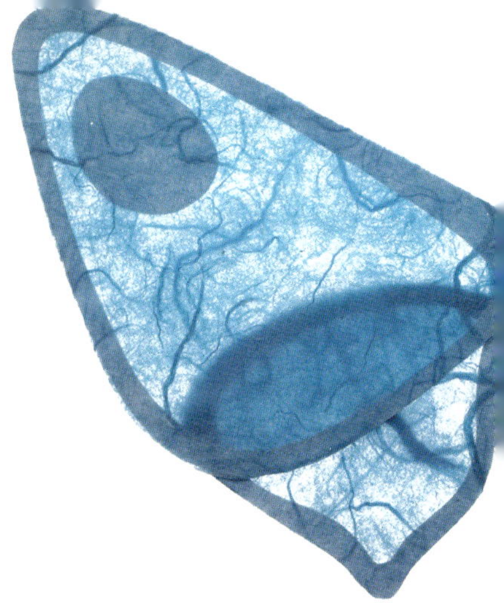

Körper, Köpfe, Haartrachten, Kleider und Flügel der Elfen sind alle nach demselben Prinzip angefertigt. Daher wird die Arbeitsweise bei den jeweiligen Anleitungen nicht noch einmal beschrieben, es sei denn, es gibt Abweichungen.

Reihenfolge der Arbeitsschritte

- Kopf und Körper anfertigen, wobei es egal ist, ob zuerst das Drahtgerüst hergestellt und bewickelt wird oder Arme und Beine aus Trikotstoff genäht werden
- Gesicht sticken
- Kleidung nähen und anziehen
- Haare anbringen (man kann die Haare auch schon anbringen, bevor die Figur angezogen wird, sofern sie beim Anziehen nicht stören)
- Flügel fertigstellen, Schuhe (soweit vorhanden) anziehen, Zauberstab (soweit vorhanden) anbringen

Kopf

Material

weiße, möglichst langfaserige ungesponnene Wolle
Mullschlauch (Schlauchverband für Finger und Zehen Gr. 1 aus der Apotheke)
hautfarbenen Puppentrikotstoff (Trikotzuschnitt siehe Skizze auf Seite 26)
festen Baumwollfaden zum Abbinden
hautfarbene Nähseide
normale Nähnadel und längere Nadel, z.B. Puppenkopfnadel

Arbeitsschritte

Zwei ca. 24 cm lange, langfaserige, dünne Wollsträhnen kreuzförmig übereinander auf den Tisch legen, lange Nadel mit doppeltem Baumwollfaden (Knoten am Ende) zurechtlegen.

Aus einem weiteren Wollstrang oder einem Wollrest eine feste Kugel mit einem Umfang von

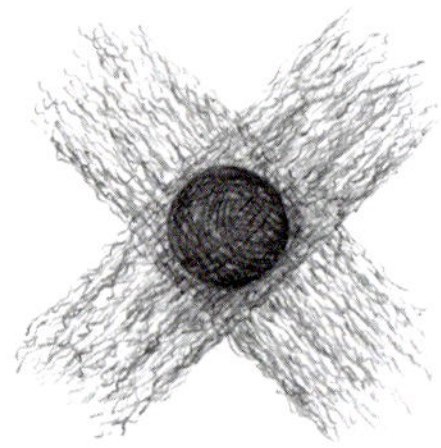

Wollkugel in die Mitte der kreuzförmigen Wolllagen legen.

Lagen um die Kugel (Köpfchen) schmiegen, am Hals abbinden.

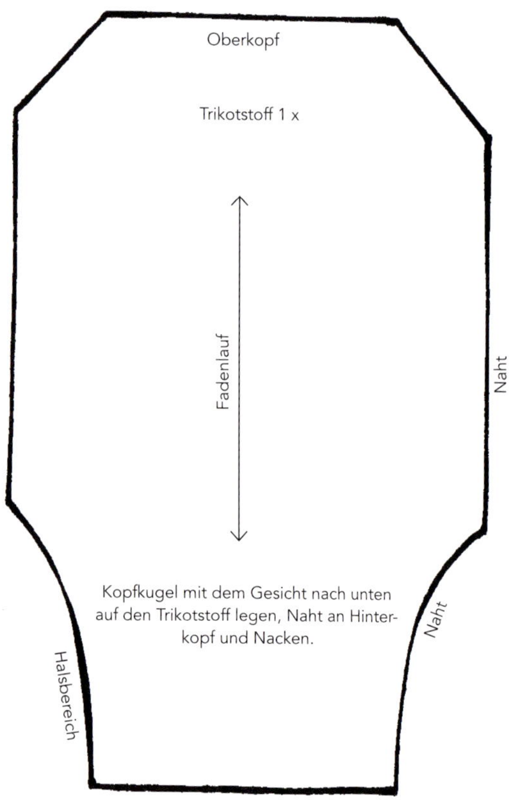

Schnittmuster für den Kopf

8 – 10 cm wickeln. Die Kugel auf die Mitte des Wollkreuzes legen, die vier Enden fest um die Kugel schmiegen und den «Hals» abbinden.

Von dem Schlauchverband ein ca. 12 cm langes Stück abschneiden, den Schlauch umkrempeln, sodass die linke Seite außen liegt, ein Ende zunähen und wieder zurückkrempeln.

Wollkugel in den Schlauch schieben, er muss sie eng umschließen, «Hals» wiederum abbinden.

Gesicht formen

Neuen, festen Baumwollfaden doppelt nehmen (Puppenkopfnadel!), Ende verknoten, am Hals einstechen, Faden mit einer Schlinge sichern.

In der Höhe eines imaginären «Ohrs» herauskommen, den Faden waagerecht in Puppen-Augenhöhe sehr fest – sodass er einschneidet – einmal um das Köpfchen führen. Beachten, dass dabei eine hohe Stirn entsteht (Kindchenschema) und der Wangen-Kinn-Bereich kleiner bleibt. Am ersten «Ohr» wieder einstechen, hier den Faden mit der Nadel ergreifen und mit einem kleinen Kreuz befestigen, sodass er weder nach oben noch nach unten verrutschen kann.

Nun den Faden vom Ohr aus senkrecht nach unten führen und durch den Hals stechen, Faden senkrecht zum zweiten Ohr hochführen und hier wiederum den waagerecht um das Köpfchen verlaufenden Faden mit der Nadel erfassen und mit einem kleinen Kreuz befestigen.

Faden mitten über den Oberkopf bis zum ersten Ohr führen, hier unter dem waagerechten Faden einstechen und die Nadel durch den Kopf bis zum Scheitelpunkt führen. Hier, an der Naht des Mullschlauches, den Spannfaden ergreifen und vernähen, sodass auch hier nichts verrutschen kann.

Schauen, welche Seite die schönere ist, das wird dann das Gesicht. Am Hinterkopf mit Fingerspitzengefühl den waagerechten Faden nach unten in Richtung Hals ziehen, so bildet sich ein schöner Hinterkopf. Dabei darauf achten, dass keine «Mumps-Bäckchen» entstehen, diese eventuell wegmassieren.

Den Trikotzuschnitt mit der linken Seite nach oben auf den Tisch legen, das Köpfchen mit dem Gesicht nach unten auf die breitere Stelle des Stoffes legen, das lange Halsende aus Wolle und Mull ragt nach unten über den Trikot hinaus. Nun die Naht mit kleinen, überwendlichen Stichen schließen. Sie sollte genau am Hinterkopf entlang verlaufen. Im Gesichtsbereich soll der Trikotstoff sehr eng anliegen. Die Halsnaht muss nicht ganz bis zum Ende geschlossen sein, so hat man die Möglichkeit, den Trikot später beim Annähen an den Körper auseinanderzufalten und

Naht am Hinterkopf mit überwendlichen Stichen schließen.

großflächiger zu befestigen. Zum Schluss die Öffnung am Oberkopf zunähen. Die Stirn muss schön hoch und glatt sein!

Hals abbinden

Festen Faden einfädeln, doppelt und mit Knoten am Ende. Den Trikotstoff straff nach unten ziehen und festhalten. Fadenschlinge um den Hals legen und zunächst locker zuziehen. Alle Falten aus dem Kinnbereich möglichst nach hinten und unten massieren, dann erst den Faden festziehen, noch ein paar Mal herumwickeln und vernähen. Das Gesicht wird erst dann gestickt, wenn Kopf und Körper miteinander verbunden sind.

Körper

Im Inneren der Figur befindet sich ein Kern aus doppeltem Biegeplüsch (siehe Skizze auf Seite 30) dadurch ist die Elfe beweglich und biegsam.

Material

Biegeplüsch (Chenille-Sticks), 1 x 50 cm lang,
1 x 25 cm lang
weiße, langfaserige Wolle
Puppentrikotstoff
hautfarbene Nähseide

› Arbeitsschritte

Das längere Stück Biegeplüsch so biegen, wie es die Skizze auf Seite 30 zeigt – es entstehen Beine und Rumpf.
Die «Fußspitzen» etwas aufbiegen und mit wenig Wolle bewickeln und wieder zusammendrücken.
Beide Beine nacheinander mit dünnen Wollsträhnchen fest und gleichmäßig bewickeln.
Aus dem kürzeren Stück Biegeplüsch entstehen die Arme (siehe Skizze auf Seite 30). Den Draht doppelt legen und die Enden miteinander

lle Teile des Körpers
uf einen Blick.

Mit den überstehenden Drahtenden der Beine werden die Arme befestigt.

er Körper wird mit langfaseriger
Volle «bandagiert».

Brustlappen mit Kopf mit vielen festen Stichen an den Rumpf nähen.

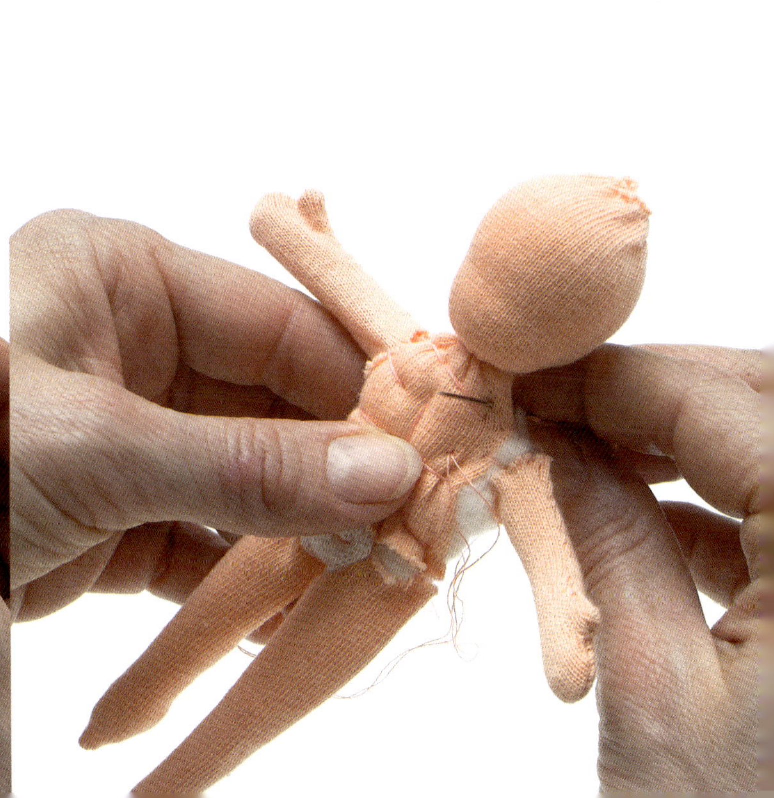

Schnittmuster für Arme und Beine

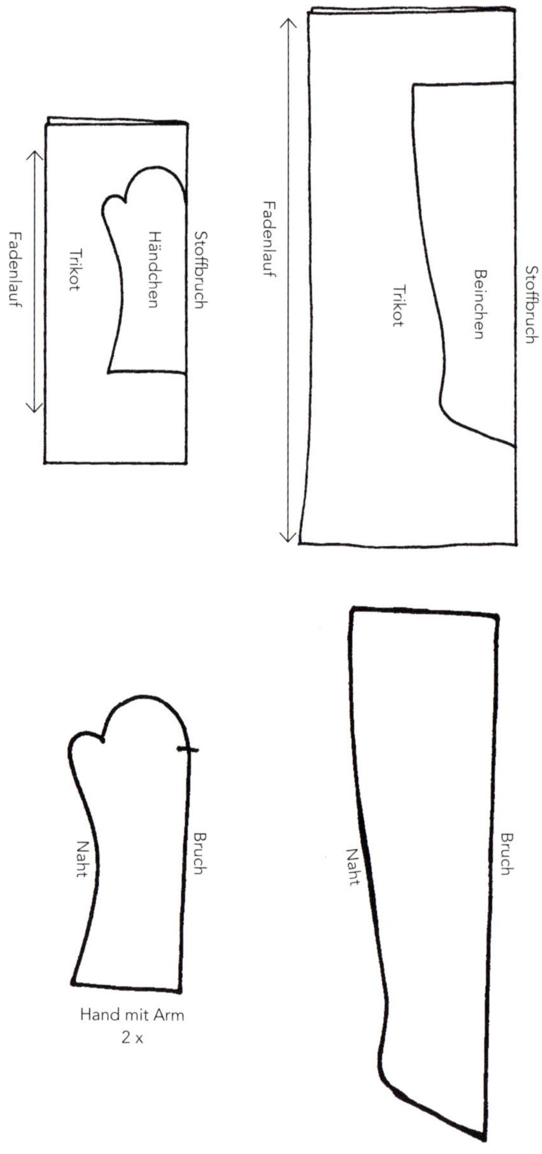

Bein 2 x

«Innenleben» aus Chenilledraht (Biegeplüsch)

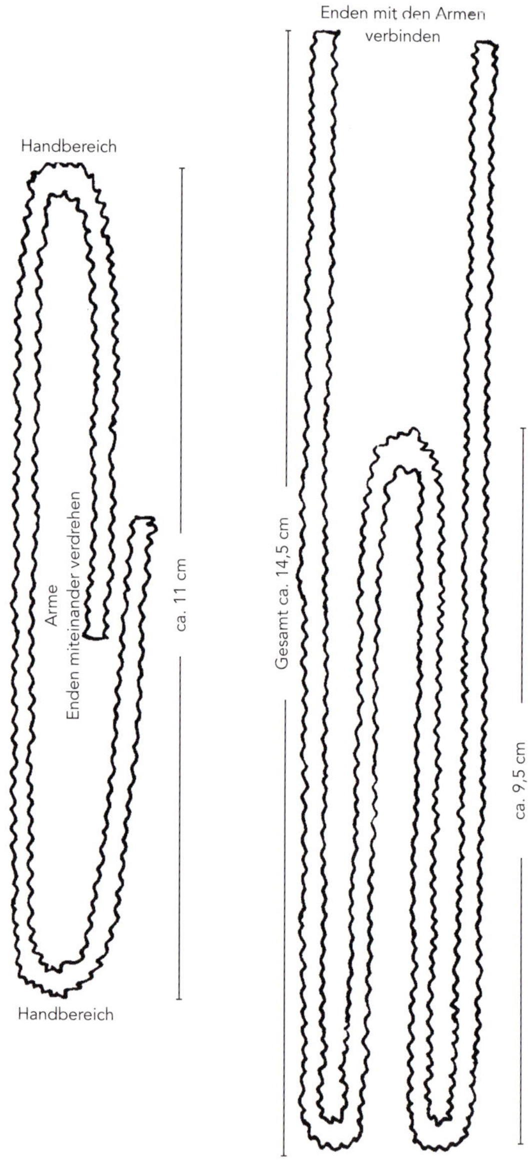

verdrehen, sodass ein ca. 11 cm langes Stück entsteht. Die Verbindungsstelle sollte mittig liegen, nicht an den Händen.
«Hände» etwas aufbiegen, wieder mit wenig Wolle bewickeln und zusammendrücken (wie Fußspitzen), Hände und Arme mit Wolle bewickeln.
Arme mithilfe der überstehenden Biegedrahtenden am Körper befestigen (siehe Abbildung auf Seite 29).
Brust und Rumpf nun ebenfalls fest mit Wolle bewickeln: die Brust kreuzweise beziehen, Schritt und Bauch bandagieren. Die Figur darf im Ganzen aber nicht zu dick werden! Die Beine sollten zum Schluss etwa 6 cm lang sein.

Nach den Schnitten Arme/Hände und Beine/Füße herstellen:
Trikotstoff falten, sodass die linke Seite oben liegt, Fadenlauf beachten. Den ausgeschnittenen Papierschnitt auflegen und mit einem Bleistift umfahren, Stoff mit einer Stecknadel fixieren.
Mit sehr kleinen, festen Handstichen auf der Bleistiftlinie entlangnähen.
Die Teile knapp neben der Naht ausschneiden, umkrempeln. Mit einem rosa Farbstift o.Ä. (keinen Bleistift verwenden, die graue Miene färbt durch!) innen an der Naht entlangfahren, um Fußspitzen und Daumen auszuformen.

Arme und Beine über das fertig umwickelte Drahtgerüst ziehen. Die Daumen zeigen nach oben! Mit einigen Stichen annähen, sodass der Stoff leicht gespannt ist.
Danach den fertigen Kopf annähen. Dabei den Brustlappen um den Körper spannen, Mullschlauchende so weit es geht zwischen die Beine ziehen und alles sehr gut fest nähen. Dabei auch durch den ganzen Körper stechen (siehe dazu die Abbildung auf Seite 29).

Feenaugen stehen leicht schräg und sind meist grün.

Die Silberfee hat einen kleinen, kindl. Mund aus zwei gleichlangen Spannstichen.

Gesicht sticken

Bevor die Haare angebracht werden, bekommt die Elfe ihr Gesicht. Das Sticken des Gesichtes erfordert natürlich besonderes Fingerspitzengefühl, denn schon Millimeter entscheiden über den Ausdruck. Das Schöne dabei ist, dass es kein Gesicht zweimal gibt, auch wenn man sich noch so anstrengt – jede Elfe hat ihr ganz individuelles Aussehen.

● Material

Sticktwist in Mittelgrün oder Dunkelgrün (Augen) und Zartrot (Mund)
grüner und zinnoberroter Farbstift
lange Nadel

Ein lächelnder Mund entsteht aus zwei Spannstichen, die ein Dreieck bilden.

Ein leicht lächelnder Mund entsteht aus zwei unterschiedlich langen Spannstichen, der untere muss immer kürzer sein.

› Arbeitsschritte

Ein Sticktwistfaden besteht aus sechs Einzelfäden. Wir teilen den Faden und arbeiten jeweils mit nur drei Fädchen.

Der Abstand von Auge zu Auge und von Mund zu Augen sollte ungefähr gleich sein. Würde man die Punkte verbinden, ergäbe sich ein gleichseitiges Dreieck. Zu eng stehende Augen beispielsweise würden leicht etwas düster und unfreundlich wirken, keineswegs kindgemäß. Zu weit auseinander stehende Augen gäben dem Gesicht etwas Tierhaftes. Wer unsicher ist, markiert Augen und Mund hauchdünn mit dem Bleistift, bevor es ans Sticken geht.

Wir beginnen mit den Augen.

Den Faden am Hinterkopf verankern, durch den Kopf stechen und am inneren Augenwinkel an der abgebundenen Augenlinie herauskommen. Die Nadel leicht schräg nach oben in Richtung Schläfe führen und einen ca. 4 mm langen Spannstich sticken.

Die Nadel am Hinterkopf wieder herausführen und den Faden fest anziehen. Wieder zurückstechen und mitten über den Spannstich einen kleinen, sehr knappen Spannstich sticken, sodass ein kleines Kreuz entsteht. Den Faden wieder fest anziehen, damit sich eine plastische Augenmulde bildet. Zweites Auge ebenso arbeiten. Die «Dellen», die sich dabei am Hinterkopf bilden, werden später durch die Haare kaschiert.

Die Augen erhalten mehr Ausdruck und Tiefe, wenn man sie nach dem Sticken noch mit einem grünen Farbstift betont.

Den Stift senkrecht auf das Augenkreuz setzen und ein paar Mal drehen. Zu den äußeren Augenwinkeln hin mit wenig Druck eine dünne, schräge Linie zu den Schläfen hin aufstricheln.

Würde man den Punkt mitten zwischen den Augen nach unten verlängern, stieße man genau auf die Mitte des Mundes, bei einem lächelnden Mund beispielsweise auf die Spitze des Munddreiecks.

Der Mund besteht immer aus zwei Spannstichen, hier drei verschiedene Variationen:

Kleiner, kindlicher Mund: zwei gleich lange, ca. 3 mm Spannstiche dicht übereinander sticken.

Leicht lächelnder Mund: Der oben liegende Spannstich ist etwas länger als der untere.

Lächelnder Mund: zwei Spannstiche, die ein Dreieck bilden. Man verankert den Faden am Hinterkopf und kommt an der (gedachten) Dreiecksspitze (Mitte des Mundes) heraus. Einen 3 – 4 mm langen Spannstich schräg nach oben zum ersten Mundwinkel sticken. Anschließend wieder genau aus der Dreiecksspitze herauskommen und den zweiten Spannstich spiegelbildlich zum ersten Mundwinkel sticken. Erst dann wieder am Hinterkopf herauskommen und den Faden vernähen.

■ Achtung

Den Mund zwar fest sticken, die Fäden dürfen sich aber nicht einziehen und keineswegs eine Mulde bilden wie bei den Augen!

Man sollte den oberen Spannstich nicht kürzer als den unteren sticken, denn dadurch bekommt das Gesicht heruntergezogene Mundwinkel.

Zum Schluss wird Wangenrouge aufgetragen. Den zinnoberroten Farbstift (die Mine sollte nicht zu spitz sein) schräg ansetzen und kreisend die Wangen tönen, nach außen hin etwas zarter werden. Das Wangenrouge darf nicht zu tief rutschen.

Kleider

Alle Kleider der hier gezeigten Elfen werden nach denselben einfachen Grundschnitten hergestellt, die jeder ganz nach Belieben auch abwandeln kann.

Material

Wollfilze
Seidenstoffe, z.B. Pongeeseide, Wildseide, Chiffon
Nähseiden in verschiedenen Farben
feine Nähnadeln
Seiden- und Satinbänder
Perlen und weiteres Material zum Ausschmücken (Näheres ist bei den jeweiligen Anleitungen aufgeführt)

Vielleicht findet sich im Haus der eine oder andere Seidenstoffrest für ein Elfengewand, ansonsten besorgt man sich Pongeeseiden im Bastelgeschäft. Es gibt sie in Form von ungefärbten, gesäumten Tüchern in verschiedenen Größen (Seidenmal-Bedarf). Die Tücher kann man leicht mit den entsprechenden Textilfarben in den gewünschten Farben einfärben. Bezugsquelle für gefärbte Pongeeseidentücher sind auch im Anhang zu finden.
Filzzuschnitte in vielen Farben sind ebenfalls im Bastelgeschäft erhältlich, allerdings bestehen sie leider größtenteils aus synthetischem Material. Reinwollene Filzzuschnitte bekommt man manchmal in guten Wollgeschäften oder in speziellen Versandgeschäften (siehe Anhang).

Schnittmuster für Oberteile, Hosen, Hüte & Pantoffeln

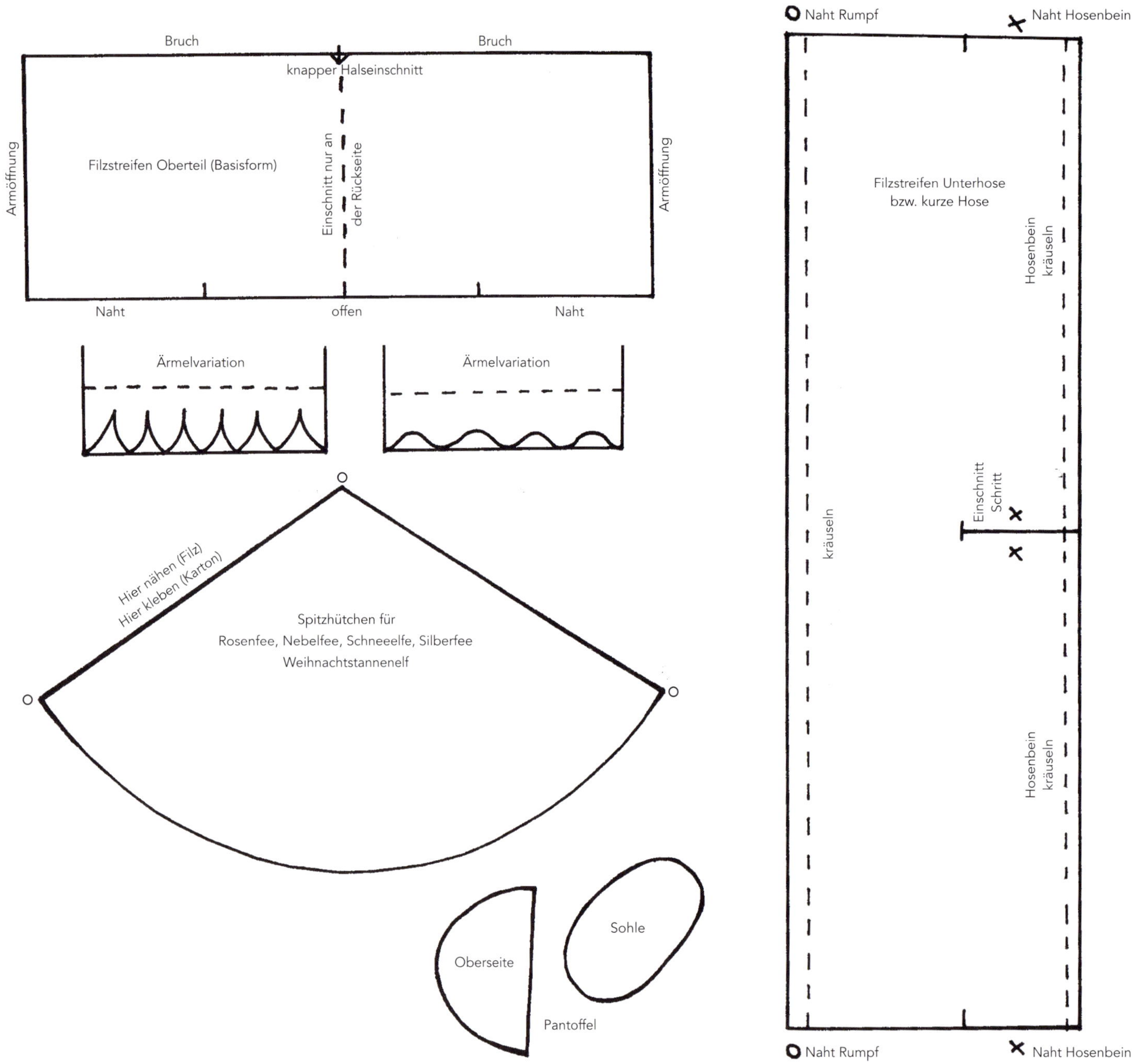

› Arbeitsschritte

Oberteil aus einem Filzstreifen herstellen, siehe Schnitt in Originalgröße.

Nach dem Schließen der beiden Nähte den Rückenschlitz einschneiden.

Halsausschnitt, wenn überhaupt, äußerst knapp bemessen.

Die Ränder der Ärmel nach Wunsch einschneiden, z.B. mit Zickzack-Muster, Wellen- oder Blattlinien.

Etwa 1 cm vom Rand entfernt einen Kräuselfaden einziehen und so weit zusammenziehen, dass das Ärmchen gut umschlossen wird, dabei kann man sich am eigenen kleinen Finger orientieren (siehe Tipp, Pumphose).

Oberteil der Figur anziehen, Rückennaht mit überwendlichen Stichen schließen – fertig!

Wickelbluse

Einen Seidenstreifen, ca. 35 – 40 cm lang und 6 cm breit, von hinten um den Hals legen, über der Brust kreuzen, jedes Ende um die Oberarme wickeln, am Rücken enden lassen und festheften.

Pumphose, Unterhose, kurze Hose

Die Hose entsteht ebenfalls aus einem Filzstreifen (siehe Schnittmuster). Die Elfenmädchen tragen unter ihrem Kleid *immer* eine Unterhose (siehe die kleine Fingerhutelfe auf Seite 83), die nach demselben Grundschnitt wie die Pumphosen der Elfenjungen hergestellt wird. Die Unterhosen kann man nach Wunsch auch etwas kürzer gestalten.

Nach dem Schließen der rückwärtigen Hosennaht näht man die Hosenbeinchen zusammen.

Je einen stabilen Kräuselfaden durch den Bund und die Hosenbeinsäume ziehen, der Figur anpassen und die Hose anziehen.

■ Tipp

Man kann sich am eigenen kleinen Finger orientieren, dazu das Hosenbein über den kleinen Finger ziehen, Faden anziehen, bis der Finger umschlossen ist, und dann vernähen.

Soll später das Oberteil über dem Hosenbund liegen, zuerst die Hose an Bauch und Rücken der Figur festheften, sonst umgekehrt!

Pumphose aus Seide

Manche der Elfenjungen tragen üppige Pumphosen aus Seide. Durch die vielen Falten schimmert und glänzt die Seide besonders schön, das verleiht der Figur etwas Leichtes, Edles.

Ein Stück Pongeeseide (27 x 16 cm) einmal längs falten (27 x 8 cm), den Streifen bügeln.
Oben am Bund (offene Seite) an beide Schnittkanten einen schmalen Saum nach innen anbügeln, durch alle Lagen einen Kräuselfaden einziehen, aber noch nicht zusammenziehen.
Rückwärtige Naht schließen, Hosenbeine zusammennähen, Kräuselfäden in die Beinsäume ziehen und soweit zusammenziehen, dass die Beinchen gut umschlossen sind – auch hier kann man sich wieder am eigenen kleinen Finger orientieren. Die Hose anziehen und den Kräuselfaden am Bund zusammenziehen.

Seidenröckchen

Herstellung siehe Pumphose bis zum Arbeitsschritt «rückwärtige Naht schließen». Dann den Kräuselfaden, der Taille angepasst, anziehen. Den Rocksaum nach Wunsch verzieren.

Schuhe, Pantoffeln

Manche Elfen, besonders die, die während der kühleren Jahreszeiten unterwegs sind, tragen Schuhwerk. Die Elfenjungen, zu denen es passt, haben holländische Holzklompen an (fertig aus dem Bastelgeschäft). Sie können nach Wunsch angemalt werden. Sehr einfach herzustellen sind Pantoffeln (siehe Schnittmuster auf Seite 36). Man schneidet sie aus Filz zu. Dann bestreicht man die runde Schnittkante der Oberseite mit Textilkleber, formt zwischen Zeigefinger und Daumen die Wölbung und drückt sie an die Sohle. Einige Sekunden festhalten, fertig! Wer besonders geschickte Finger hat, kann auch kompliziertere Schühchen nähen, z.B. die der Schneeelfe.

Frisuren

Wenn die Elfe angezogen und das Gesicht fertig gestickt ist, jedoch *bevor* die Flügel angebracht werden, bekommt sie ihre Haare. Die Haartracht gestaltet man passend zum Typ der Elfe. Bei der Arbeit ergeben sich viele Möglichkeiten sowie Abwandlungen und Variationen zu den folgenden Vorschlägen.

Material

Ungesponnene, gefärbte Wolle sowie Märchenwolle in verschiedenen Farbtönen; für Lang- und Glatthaarfrisuren eignet sich eher eine langfaserige, weniger gekräuselte Qualität.

Für Kurzhaar- und Lockenfrisuren, besonders wenn man mit der Filznadel arbeiten möchte, wählt man dagegen kurzfaserige, gekräuselte Wolle.
Als «Märchenwolle» darf, streng genommen, nur pflanzengefärbte Wolle bezeichnet werden. Für die Elfenhaare in diesem Buch wurde sowohl pflanzengefärbte (Märchenwolle) als auch chemisch gefärbte, ungesponnene Wolle verwendet. Der Einfachheit halber werden beide Sorten in den Anleitungen als «Märchenwolle» bezeichnet.

Hilfsmittel

Nähseiden in den Farben der Haare, mittellange Nadel, Filznadel, dicke Nadel mit großem Öhr, Textilklebstoff.
Textilklebstoff mag nicht jedermanns Sache sein, allerdings erleichtert er die Arbeit ungemein, außerdem bleiben die Klebebereiche weich und elastisch und die Frisuren gelingen besser. Die Nähnadel wird durch den Klebstoff allerdings nicht überflüssig!
Die Filznadel ist ein praktisches und hilfreiches kleines Werkzeug, mit dem man die Wolle (also die Haare) verdichten und frisieren kann. Filznadeln sind mit kleinen, in Stichrichtung weisenden Widerhaken versehen, die die Fasern bei jedem Stich mitnehmen und miteinander verhaken (trocken filzen).

Kurzhaarfrisur (Grundfrisur)

z. B. Schneckenelf, Wölkchen, Kastanienelf, Weihnachtstannenelf (Seite 60, 97, 110, 125)

Material

Wollmatte, kürzeres, gekräuseltes Material

Arbeitsschritte

Köpfchen dünn mit Textilkleber einstreichen.
Vorgeformte, an den Kopf angepasste Wollmatte um das Köpfchen schmiegen, einige Sekunden die Hand fest darum schließen.
Dann zügig mit vielen kleinen Stichen befestigen, besonders rund um den Haaransatz.
Mithilfe der Filznadel die Haare verdichten und frisieren.

Stehhaare oder *Wuschelkopf* (siehe Graself, Seite 58) entstehen, wenn man aus der fertigen Grundfrisur Flusen hochzupft und zwischen den Fingern zwirbelt.

Langes, glattes Haar mit Pony

z. B. Stiefmütterchenfee, Erbsenelfe (Seite 56, 85)

Material

langfaserige Wolle

› Arbeitsschritte

Oberkopf und Hinterkopf, besonders im Bereich der Nähte, mit Textilklebstoff bestreichen.

Wollsträhne von Stirn bis Nacken spannen und einige Sekunden andrücken.

Die Strähne an Oberkopf und Nacken mit vielen kleinen Stichen zügig annähen, den Pony vorerst großzügig stehen lassen.

Die zweite, etwas dickere Haarsträhne kreuzförmig darüberlegen, zwischen den Fingern gut über den Kopf spannen, damit die Nadel gezielter eingesetzt werden kann. Zunächst von «Ohr» zu «Ohr» festheften, dann den Scheitel nähen und zuletzt mit vielen kleinen Stichen rundherum alles befestigen.

Zum Schluss den Pony kürzen. Nach Wunsch mit der Filznadel nacharbeiten.

Variationen

Wird kein Pony gewünscht, den ersten Strang weglassen. *Innen-* bzw. *Außenrollen* entstehen, wenn man die Haarenden mithilfe einer sehr dicken Nadel nach oben unter die fertige Haarpracht zieht und mit etwas Fingerspitzengefühl zurechtformt. Je nachdem, ob es sich um ein Elfenmädchen oder einen Elfenjungen handelt, lässt man die Rolle dann mehr oder weniger lang stehen (z. B. Bläuling Seite 99, Kirschfee Seite 75).

Zopffrisur

1. Möglichkeit: Siehe «langes, glattes Haar», daraus links und rechts einfach zwei Zöpfe flechten oder auch nur einen dickeren *Seitenzopf* (z. B. Herbstfee Seite 115, Tomatenelfe Seite 92).
2. Möglichkeit: Einen separaten Wollstrang von beiden Seiten aus flechten, die Mitte glatt lassen. Den Oberkopf mit etwas Textilkleber bestreichen, Zöpfe über das Köpfchen spannen, das ungeflochtene Mittelteil ist angeklebt. Darüber kommt die «Grundfrisur».

Zopf um den Kopf

Grundfrisur arbeiten, einen langen Zopf separat flechten (langfaserige, ungesponnene Wolle), um den Kopf legen und annähen (z. B. Schneeelfe Seite 51).

Schnecken

Grundfrisur arbeiten, zwei dünne, separate Zöpfchen zu Schnecken drehen und über den Ohren annähen (z. B. Himbeerelfe Seite 71).

Rattenschwänze

Langes Glatthaar arbeiten, links und rechts Haarstränge abteilen, evtl. über den Ohren leicht zusammenbinden, Enden zwirbeln (z. B Möhrenelfe Seite 87).

Flügel

Haben Elfen Flügel? Darüber gibt es unterschiedliche Meinungen. Da Elfen sehr vielgestaltig sind, kann man sie sich sowohl mit als auch ohne Flügel vorstellen. Unsere Elfenkinder allerdings sollen Flügel bekommen, um die besonderen Eigenschaften und Fähigkeiten der Elfen wie Leichtigkeit, das Zurücklegen großer Entfernungen in kürzester Zeit, ihre Freude an der Bewegung und nicht zuletzt auch eine gewisse Sprunghaftigkeit (die ihnen nachgesagt wird) zu betonen.

So mannigfaltig wie die Elfen selbst sind auch ihre Flügelformen. Manche sind den Schmetterlingen, Libellen und Käfern abgeschaut, andere erinnern mehr an Blätter oder Flugsamen von Bäumen, wieder andere sind einfach der Fantasie entsprungen.

Zur Anfertigung der Flügel eignen sich sehr gut verschiedene Seiden- und Vliespapiere, dünne, transparente Deko-Vliese sowie Schleierblätter oder auch gepresste Blätter aus der Natur. In gut sortierten Bastel- und Papierwarenläden wird man meistens schnell fündig. Es lohnt sich, einmal die Geschenkpapierständer zu durchforsten, hier findet man hochwertige Reisseiden, Loktapapiere (handgemachte Hanfpapiere aus Nepal), Plisseeseidenbänder u.Ä. Am schönsten sind solche Papiere, die, gegen das Licht gehalten, Faserstrukturen und andere Unregelmäßigkeiten enthalten. Das erinnert dann an die mit Äderchen durchzogenen Flügel der Insekten und wirkt lebendig und interessant. Einen ähnlichen Effekt erreicht man, indem man einfache Seiden- oder Transparentpapiere knüllt und dann wieder glättet (Bügeleisen). Schleierblätter erhält man ebenfalls im Bastelgeschäft (Floristik-Zubehör). Es gibt sie in verschiedenen Farben. Vier Schleierblätter, an der Mittelader entlang gefaltet, glatt gestrichen und paarweise zusammengefügt, lassen sehr schnell ein duftiges Flügelpaar entstehen. Werden Schleierblätter mit ausgeschnittenen Flügelformen kombiniert, ergeben sich weitere, unzählige und interessante Möglichkeiten. Federn sollte man für Elfenflügel nicht verwenden, sie seien den Engeln vorbehalten.

Wie aus den einzelnen Anleitungen ersichtlich, haben manche Flügel zur Stabilisierung einen dünnen Rahmen aus Zeichenkarton. Dieser Rahmen wird beidseitig mit dem Papier bezogen, dabei wird nur der Rahmen mit Klebstoff bestrichen. Zwischen die beiden Lagen kann man als zusätzliches Gestaltungselement noch ausgeschnittene Formen aus Transparentpapier legen.

Sonnenblumenelf

Nebelfee

Flügel, die keinen Rahmen haben, werden mit dem sogenannten «Architektenpapier» verstärkt. Dieses milchig-transparente Papier gibt es in jedem Papierwarenladen, es ist um einiges stabiler als normales Transparentpapier. Es sollte immer zwischen zwei Seidenpapierlagen liegen. Würde man nur eine Seite mit Seidenpapier bekleben, würde sich der Flügel wellen. Alle Flügel können zum Schluss noch weiter verziert werden.

■ Hinweis

Es ist mir nicht ganz leichtgefallen, meinen Vorbehalt gegen das Arbeiten mit der Heißklebepistole zu überwinden. Nach zahlreichen unbefriedigend verlaufenen Versuchen, die Flügel durch Nähen oder Kleben mit herkömmlichen Klebern anzubringen, war es schließlich nur die Heißklebepistole, die die Flügel glatt, sauber und vor allem unverrückbar befestigte.

Wiesenblumenelf

Silberfee

Flitter

Alu-Flitter, sparsam eingesetzt, kann interessante Akzente setzen, beispielsweise an den Flügeln, den Pantoffeln, am Zauberstab und an der Kopfbedeckung unserer Elfen. Alu-Flitter in verschiedenen metallischen Farben gibt es im Bastelgeschäft. Dazu gehört ein spezieller Klebstoff. Meist befindet sich der Klebstoff in einer Flasche mit einer praktischen, schmalen Tülle, die gleichzeitig als eine Art Malwerkzeug dient und mit der man dünne Linien und Punkte gezielt auftragen kann. Der Flitter wird einfach auf den noch feuchten Kleber aufgestreut. Nach dem Trocknen schüttelt man den Überschuss ab.

Arbeitsanleitungen zu den

einzelnen Elfen

Schneeglöckchen

Schneeglöckchen

's war doch wie ein leises Singen
in dem Garten heute Nacht,
wie wenn laue Lüfte gingen:
«Süße Glöcklein, nun erwacht,
denn die warme Zeit wir bringen,
eh's noch jemand hat gedacht.» –
's war kein Singen, 's war ein Küssen,
rührt die stillen Glöcklein sacht,
dass sie alle tönen müssen
von der künft'gen bunten Pracht.

Joseph von Eichendorff

Schneeglöckchenelfe

Material

weißen, etwas grünen Wollfilz
lindgrünen Pongeeseidenstoff
2 grüne Schleierblätter
weißes Reisseidenpapier / Architektenpapier
hellgrüne Märchenwolle (Haare)
Basteldraht / 1 Silberglöckchen
hellgrüne und transparente Glasperlen
grünen Farbstift

Arbeitsschritte

Figur anfertigen, Gesicht sticken.
Oberteil und Unterhose aus weißem Filz, Rock aus lindgrüner Seide nähen.
Einen ca. 1 cm breiten Filzstreifen an einer Längsseite wellenförmig schneiden und als «Spitze» von innen an den Rocksaum heften.
Den Saum direkt am Rand mit einer Perlenreihe verzieren.

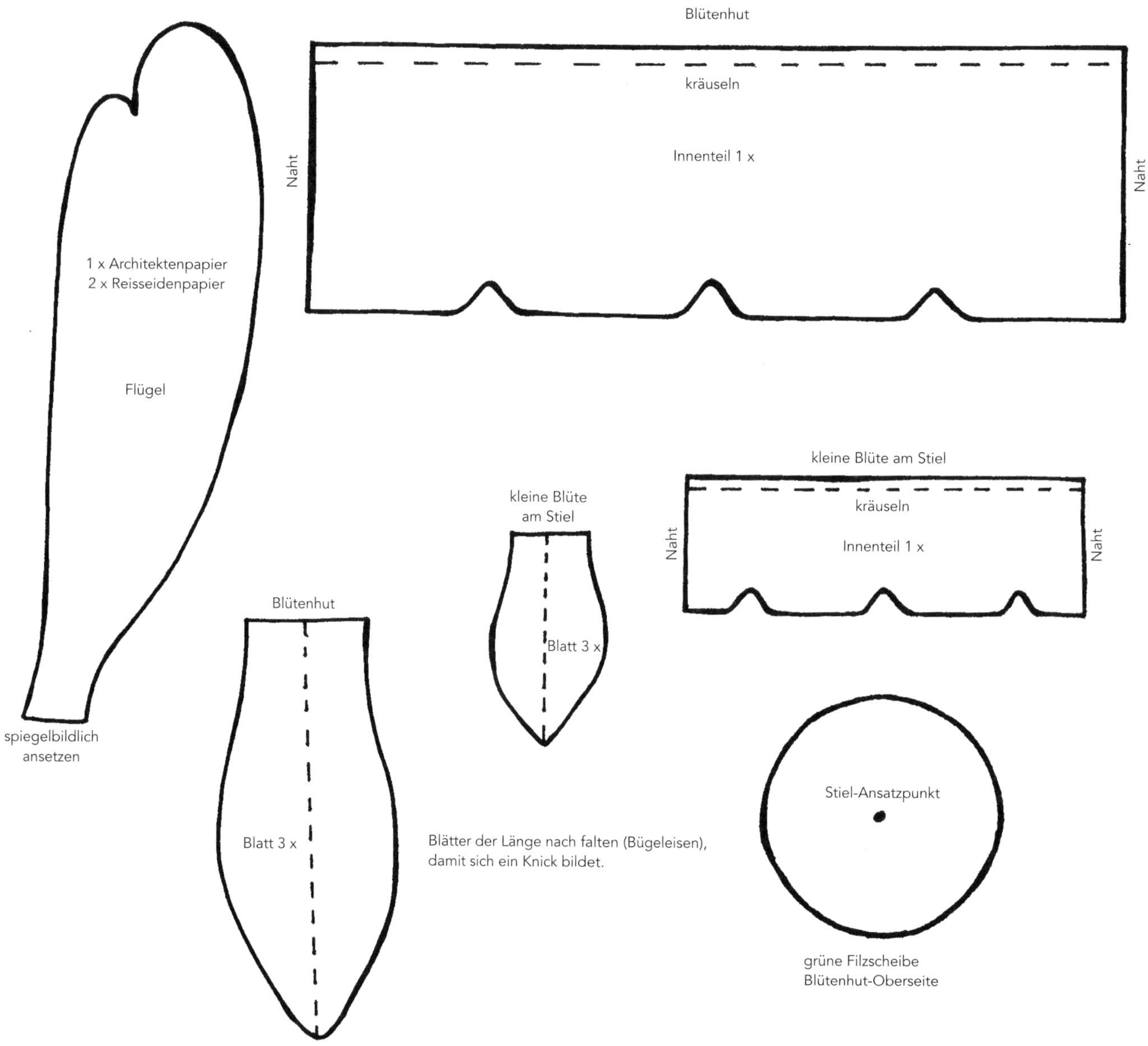
Blütenhut
kräuseln
Innenteil 1 x
Naht
Naht
1 x Architektenpapier
2 x Reisseidenpapier
Flügel
spiegelbildlich
ansetzen
kleine Blüte am Stiel
kräuseln
Innenteil 1 x
Naht
Naht
kleine Blüte
am Stiel
Blatt 3 x
Blütenhut
Blatt 3 x
Blätter der Länge nach falten (Bügeleisen),
damit sich ein Knick bildet.
Stiel-Ansatzpunkt
grüne Filzscheibe
Blütenhut-Oberseite

Alle Teile anziehen, Oberteil mit wenigen Stichen an den Körper heften, der gekräuselte Rockbund liegt über dem Oberteil.

Aus der hellgrünen Märchenwolle Langhaarfrisur anfertigen, Haarpracht nach vorne über die Schultern fallen lassen.

Blütenhut

Nach dem Schnitt 3 große Blütenblätter aus weißem Filz ausschneiden, der Länge nach falten und bügeln.

Innenteil zuschneiden, mit dem grünen Farbstift den unteren Rand ca. 2 cm breit leicht tönen.

Seitennaht schließen, Kräuselfaden an der markierten Stelle durchziehen und fest zusammenziehen, Faden vernähen, fertig ist das «Käppchen».

Aus einem grünen Filzrest einen Kreis ausschneiden, in der Mitte einen ca. 3 cm langen Draht verankern, den Draht mit grüner Märchenwolle fest und dicht bewickeln (Blütenstiel).

Nun die drei bereits fertiggestellten Blütenblätter mit einigen Stichen oben am Käppchen befestigen. Die Unterseite des grünen Filzkreises (Blütenstielansatz) mit Textilklebstoff bestreichen und oben auf die Blüte setzen, mit Stecknadeln bis zum Trocknen fixieren.

Fertigen Schneeglöckchenhut an den Kopf heften oder mit Textilklebstoff ankleben.

Flügel

Ein Stück Architektenpapier beidseitig mit dem weißen Reisseidenpapier bekleben, nach der Skizze das Flügelpaar ausschneiden.

Die beiden grünen Schleierblätter an der Blattader entlang falten, glatt streichen und auf die weißen Flügel kleben, nur unten und mit sehr wenig Alleskleber arbeiten.

Fertige, getrocknete Flügel mit Heißkleber an die rückwärtige Naht des Oberteils kleben.

Pantoffel (siehe Grundschnitte auf Seite 36).

Schneeglöckchen am Stiel

Die kleine Blüte herstellen wie das Blütenhütchen (siehe dazu die Skizzen).

Einen grünen Kreis (1,5 cm Durchmesser) ausschneiden, daran einen Basteldraht befestigen, der mit grüner Märchenwolle bewickelt wird, wie schon das Stielende am Hütchen.

Den Kreis mit Textilkleber bestreichen und auf die Blütenoberseite setzen.

In die Blütenmitte ein silbernes Glöckchen heften.

Blütenstiel zurechtbiegen und mit einem Tropfen Heißkleber an der Handfläche anbringen.

Nach Wunsch Flügel und Schuhe sparsam mit Gold- oder Silberflitter verzieren.

Elfe

Bleib bei uns! Wir haben den Tanzplan im Tal
bedeckt mit Mondesglanze,
Johanniswürmchen erleuchten den Saal,
die Heimchen spielen zum Tanze.
Die Freude, das schöne leichtgläubige Kind,
es wiegt sich in Abendwinden:
Wo Silber auf Zweigen und Büschen rinnt,
da wirst du die Schönste finden!

Joseph von Eichendorff

Silberfee

Material

weißen und hellgrauen Wollfilz
weißen, dünnen Seidenstoff (z.B. Pongeeseide)
weiße, ungesponnene, leicht gelockte Wolle (in diesem Fall Kaschmir) für die Haare
Zeichenkarton
silberfarbenes Deko-Vlies
Silberfäden
silberne Stabperlen
perlmuttfarbene Indianerperlen
Silberflitter
Schaschlikspieß, 8 – 10 cm lang
4 Silberglöckchen
etwas dünnen Silberdraht

› Arbeitsschritte

Figur anfertigen, Gesicht sticken.

Oberteil und Unterhose aus weißem Filz anfertigen, Rock aus Seide nähen.

Alle Teile anziehen, Oberteil und Hose mit ein paar Stichen am Rumpf befestigen.

Um die Taille, über dem Rockbund, einen Gürtel aus einem gefalteten Seidenstreifen wickeln.

An Oberteil und Rocksaum silberne Stabperlen nähen, Saum und Gürtel ganz nach Wunsch und Geschick mit Silberfäden und Glasperlen besticken.

Kurzhaarfrisur aus der feinen, weißen Wolle anfertigen, zum Schluss über Stirn und Schläfen einen gelockten Wollflusen schmiegen, darüber kommt ein dünnes, silbernes Stirnband.

Das Spitzhütchen (Schnitt siehe Seite 36) aus hellgrauem Filz nähen, Silberfäden bündeln, am Ende alle mit einem Knoten zusammenhalten, in eine dicke Nadel fädeln und von innen kommend durch die Spitze des Hütchens ziehen.

Hütchen mit Heiß- oder Textilkleber am Kopf anbringen, den Rand nach Wunsch mit einem Streifen Silberflitter betonen.

Einen großen, zusammenhängenden Flügelrahmen und zwei kleine Flügelteile (wie Wiesenblumenelfen) aus weißem Zeichenkarton ausschneiden und beidseitig mit dem silbernen, transparenten Vlies bekleben, Überstand rundherum abschneiden. Kleine Flügel mit wenig Alleskleber und nur unten an die großen Flügel kleben. (Siehe auch Seite 43, Rückenansicht.)

Nach dem Trocknen die Flügel mit einem Strich Heißkleber direkt auf die Rückennaht des Oberteils kleben.

Pantoffeln aus hellgrauem Filz anfertigen (Schnitt siehe Seite 36), Oberseite mit etwas Flitter bestreuen.

Schaschlikstäbchen ebenfalls mit Silberflitter versehen, die Glöckchen mithilfe von dünnem Draht und etwas Alleskleber oben am Zauberstab befestigen.

Wiesenblumenelfen

Material

weißen, hellgrünen und etwas gelben Wollfilz
weiße, gelbe oder blaue Pongeeseide
weißen Fotokarton (Zeichen- oder Tonkarton)
Reisseide o.Ä. (Flügelbespannung)
Märchenwolle (Haare) / Silberfolie (Stern)
mittelgrünen und zartroten Sticktwist
Holzstab (Schaschlikspieß) 8 – 10 cm lang
gelbe Glasperlen / Silberflitter (Alu-Flitter)

Arbeitsschritte

Figur anfertigen, Gesicht sticken.
Hellgrünes Oberteil aus Filz nähen.
Pumphose aus Pongeeseide nähen.
Beides anziehen, Rückennaht am Oberteil schließen. Pumphosenbund kommt unter das Oberteil und wird mit wenigen Stichen am Körper befestigt. – Haare anbringen, nach Wunsch frisieren. (Siehe «Frisuren» auf Seite 38 f.)

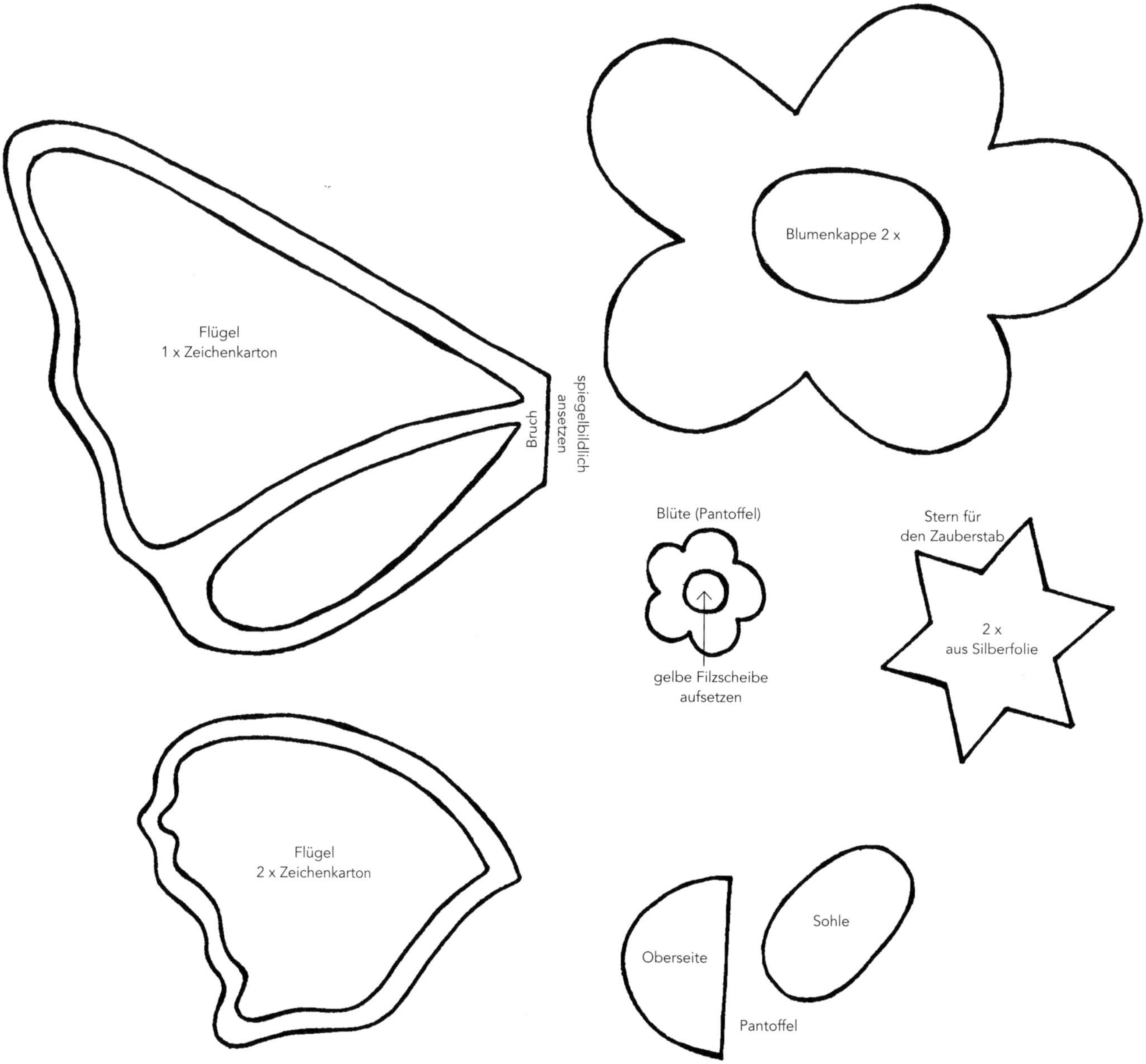
Flügel
1 x Zeichenkarton
Bruch
spiegelbildlich ansetzen
Blumenkappe 2 x
Blüte (Pantoffel)
gelbe Filzscheibe aufsetzen
Stern für den Zauberstab
2 x
aus Silberfolie
Flügel
2 x Zeichenkarton
Oberseite
Sohle
Pantoffel

Blütenkranz/Blumenkappe zweimal aus Filz ausschneiden, versetzt übereinanderlegen, evtl. mit etwas Textilkleber fixieren, Loch mit den Fingern weiten, bis der Kranz um den Kopf passt und ganz fest sitzt.

Alle drei Flügelrahmen aus dem Karton ausschneiden, beidseitig mit dem transparenten Seidenpapier o.Ä. bekleben (nur die Rahmen mit Klebstoff bestreichen), Papierüberstand rundherum abschneiden.

Kleine Flügelteile nur unten mit wenig Klebstoff an die großen Flügel kleben, Flügel nach Wunsch mit Pünktchen bemalen und/oder bekleben.

Flügel mit einem Streifen Heißkleber auf die rückwärtige Naht am Oberteil kleben, einige Sekunden andrücken.

«Zauberstab» (Schaschlikspieß) mit Klebstoff bestreichen und mit Flitter bestreuen. Nach dem Trocknen zwei ausgeschnittene Silbersterne deckungsgleich an die Spitze kleben. Den Zauberstab mit etwas Heißkleber oder ein paar Stichen an der Hand fixieren.

Pantoffeln zuschneiden und mit Textilkleber zusammensetzen.

Blümchen ausschneiden, die Mitte mit Glasperlen verzieren, mit Textilklebstoff auf die Pantoffeln kleben. Die Pantoffeln innen mit etwas Textilkleber versehen und der Fee anziehen.

Stiefmütterchenfee

Material

violetten, gelben, grünen und etwas orangefarbenen Wollfilz
4 Schleierblätter (Flügel)
schmales Satinband in Grün und Gelb
schwarzes Nähgarn (oder dünne Stickfäden)
etwas grüne Seide (Bluse)
grüne Märchenwolle (Haare)

Arbeitsschritte

Figur anfertigen, Gesicht sticken.
Pumphose aus hellgrünem Filz nähen und anziehen, mit ein paar Stichen am Körper festnähen.
Aus einem Rest grüner Seide die «Bluse» wickeln (siehe «Wickelbluse» auf Seite 37).
Zwei Stiefmütterchenblüten nach dem Schnittmuster anfertigen, die Einzelteile jeder Blüte mit wenig Textilklebstoff zusammenkleben.

Die zarten, schwarzen Linien in der Blütenmitte mit dünnem Garn und Spannstichen aufsticken. An jeder Blüte links und rechts ein grünes Satinband, je etwa 28 cm lang, anbringen.
Je eine Blüte vorn und hinten auf die Figur legen und seitlich mit Schleifen zusammenbinden – fertig ist die Blumenschürze.
Haare aus grüner Märchenwolle anbringen (langes Haar mit Pony), nach Wunsch ein Stirnband umbinden.

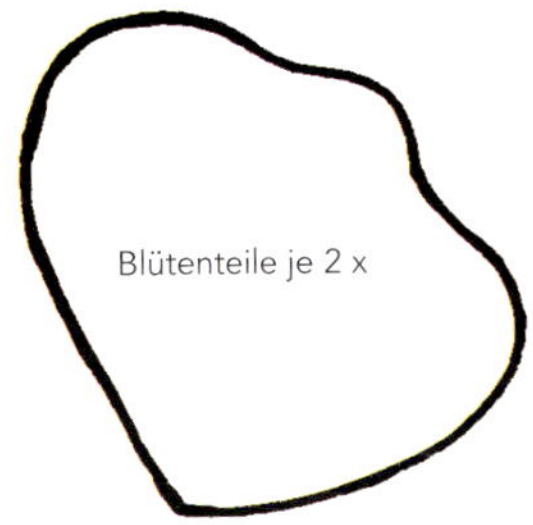

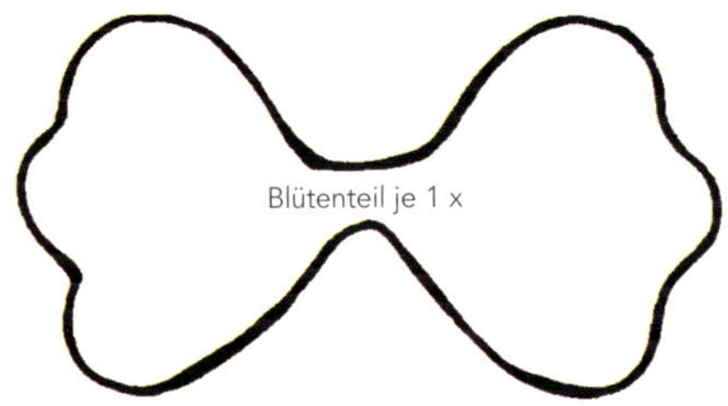

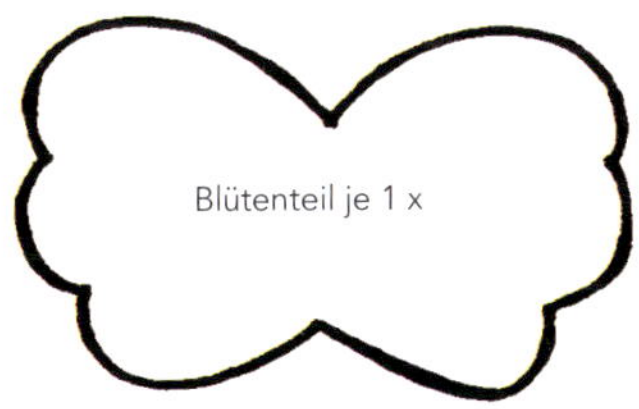

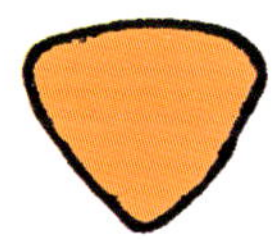

Filzstück zum Hinterlegen
1 x

Flügel

Die Flügel werden aus vier Schleierblättern hergestellt. Die schmale Blätter werden so, wie sie sind, verwendet, die großen Blätter knickt man einmal an der Mittellinie entlang und streicht sie glatt.
Ober- und Unterflügel an den unteren Bereichen zunächst mit wenig Alleskleber zusammensetzen, trocknen lassen, dann mit der Heißklebepistole am Rücken anbringen.

Zusammensetzen der Blüte

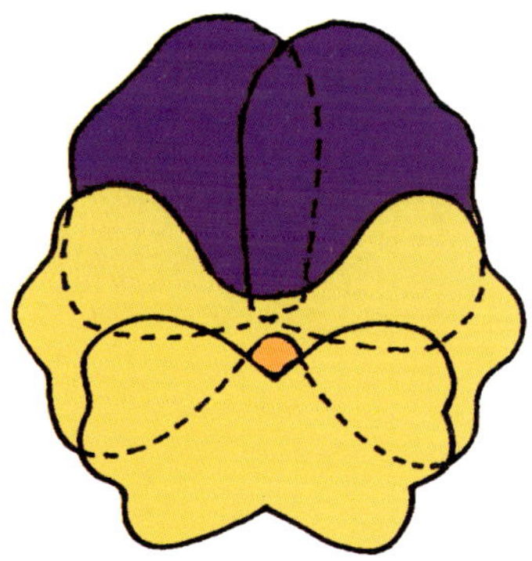

Die Öffnung in der Mitte wird mit einem Stückchen orangefarbenem Filz hinterlegt.

■ Hinweis

Das Stiefmütterchen, auch «Lieb' im Müßiggang» genannt, ist eine magische Blume. Oberon, der Elfenkönig in Shakespeares *Ein Sommernachtstraum*, drückt den Saft dieser Blume über den Lidern seiner schlafenden Gemahlin Titania aus, um sie so durch einen Liebeszauber zu verwirren.

Graself

Material

hellgrünen, grasgrünen und etwas hellblauen Wollfilz
gelbe Glasperlen
Märchenwolle in verschiedenen Grüntönen (Haare)

› Arbeitsschritte

Figur anfertigen, Gesicht sticken.
Pumphose und Oberteil nähen und anziehen, rückwärtige Naht am Oberteil schließen, mit wenigen Stichen am Körper fixieren.
Aus grüner Märchenwolle eine voluminöse Grundfrisur anfertigen, mit Daumen und Zeigefinger geduldig viele Haarspitzen herauszwirbeln.

Aus langen, grünen Wollflusen Gräser formen und durch ein paar aus Filz ausgeschnittene, längliche Blätter zu einem Strauß ergänzen. Wenn man möchte, kann man noch Blümchen hinzufügen.

Blümchen

Kleine Filzkreise ausschneiden, einen Reihfaden rundherum am Rand sticheln, kräftig zusammenziehen, vernähen und mit demselben Faden eine Perle in der Mitte annähen.

Flügel

Die Flügel werden aus vier grünen Schleierblättern, an der Mittelader entlang falten und glatt streichen, hergestellt.
Ober- und Unterflügel sparsam, nur in den unteren Bereichen mit Alleskleber bestreichen, erst nach dem Trocknen die Flügelpaare an der Rückennaht des Oberteils ankleben (Heißklebepistole).

Schneckenelf

Material

ockerfarbenen und weißen Wollfilz
4 Schleierblätter (ocker und graublau)
3 kleine und 1 großes Schneckenhaus
1 Paar Klompen (Bastelgeschäft)
Glasperlen (Westenverschluss)
dunkelgrüne Märchenwolle (Haare)

Arbeitsschritte

Figur anfertigen, Gesicht sticken.
Pumphose, Oberteil und Weste zuschneiden und nähen, alle Teile anziehen, die Hose mit wenigen Stichen am Körper fixieren.
Grundfrisur aus dunkelgrüner, kurzfaseriger Wolle arbeiten.
Als Kopfbedeckung ein Weinbergschneckenhaus mit Heißkleber aufsetzen (es darf etwas schief

sitzen) und fest andrücken, der Kleber muss erkaltet sein.
Als Westenverschluss eine kleine Schnecke ankleben und ein paar Perlen auffädeln.
An die Spitzen der Holzklompen zwei kleine Schneckenhäuser kleben.

Flügel

Die vier Schleierblätter an der Mittelachse entlang falten und glatt streichen. Ober- und Unterflügel mit wenig Alleskleber miteinander verbinden. Erst nach dem Trocknen die Flügel am Rücken anbringen (Heißklebepistole). Nach Wunsch die Flügel mit Flitterpünktchen versehen.

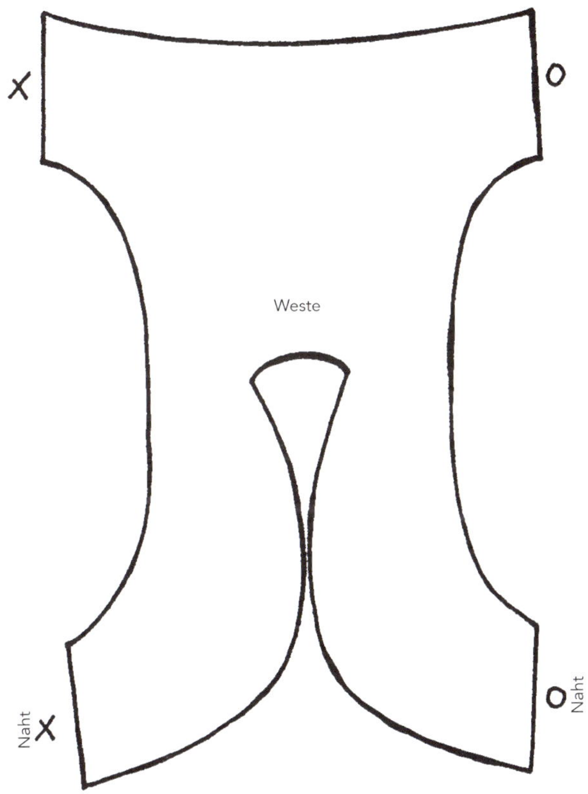

Tulpenelfe

● Material

orangefarbenen, grünen und etwas dunkelbraunen Wollfilz
orangefarbene Seide (Röckchen)
2 Schleierblätter (blaugrün)
weißen Zeichenkarton
Reisseidenpapier o.Ä. (Flügel)
grüne Märchenwolle (Haare)
1 Paar Holzklompen
3 Glasperlen am Draht (Staubgefäße)
schmales, gelbes Satinband
Textilmalfarbe (zur Not kann man auch Plakafarbe verwenden) in Weiß und Gelb zum Bemalen der Blütenblätter

› Arbeitsschritte

Figur anfertigen, Gesicht sticken.

Oberteil nähen, Unterhose aus orangefarbenem Filz nähen. Rock aus Seide nähen.

Alle Teile anziehen, Rückennaht des Oberteils schließen, Oberteil mit ein paar Stichen am Körper fixieren, gekräuselter Rockbund liegt darüber.

Acht Tulpenblütenblätter nach der Skizze aus orangefarbenem Filz ausschneiden, mit hellgelber und weißer Textilfarbe die oberen Bereiche der Blätter sparsam anmalen, zum Trocknen beiseite legen.

■ Achtung

Zwei der Blätter sind etwas größer als die übrigen sechs, sie gehören zum Rock.

Langes, glattes Haar mit Pony anbringen, das Haar zum Schluss hinten hochstecken.

Die getrockneten Blütenblätter am unteren, unbemalten Rand einzeln mit einem Kräuselfaden zusammenziehen, die beiden größeren Blätter vom Rockschoß nicht kräuseln im Gegensatz zu den sechs Blättern, aus denen die Kopfbedeckung entstehen wird. Diese beiden Blätter werden an den markierten Strichen eingeschnitten und hier ein wenig übereinandergelegt (mit Textilkleber fixieren), sodass sie sich leicht wölben.

Die beiden Röckchen-Blätter vorn mit gelben Satinbändern versehen, hinten mit wenigen Stichen aneinanderheften. Sie liegen an den Hüften, über dem Seidenrock, und werden vorn mit einer Schleife zusammengebunden.

Tulpenkrönchen

Die sechs am unteren Rand gekräuselten Blütenblätter so zusammensetzen (Textilklebstoff) wie aus der Abbildung ersichtlich. Bis zum Trocknen des Klebers alles mit Stecknadeln fixieren.

Aus einem dunkelbraunen Filzrest einen Stern ausschneiden (das Innere der Tulpe).

Glasperlen am Draht als Staubgefäße durch den Filzstern stechen, an der Unterseite befestigen (Drahtschlinge biegen und/oder annähen).

Das fertige Tulpenkrönchen wird nun am Kopf angebracht; dazu ist es sehr wichtig, dass die Haare fest und gut am Kopf befestigt sind.

Zum Fixieren der Tulpe am Kopf zunächst die Unterseite der Blüte mit Textilklebstoff versehen, Blüte aufsetzen, gut andrücken und innen mit ein paar Stecknadeln befestigen. Diese Stecknadeln bleiben und dürfen deshalb von außen nicht sichtbar sein.

Den Filzstern mit den Staubgefäßen in die Mitte der Blüte kleben, er verdeckt gleichzeitig die Köpfe der Stecknadeln.

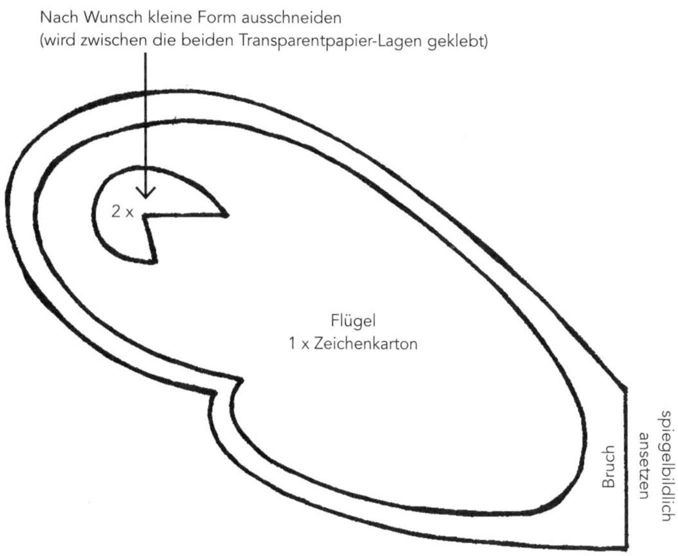
Nach Wunsch kleine Form ausschneiden
(wird zwischen die beiden Transparentpapier-Lagen geklebt)
2 x
Flügel
1 x Zeichenkarton
Bruch
spiegelbildlich
ansetzen

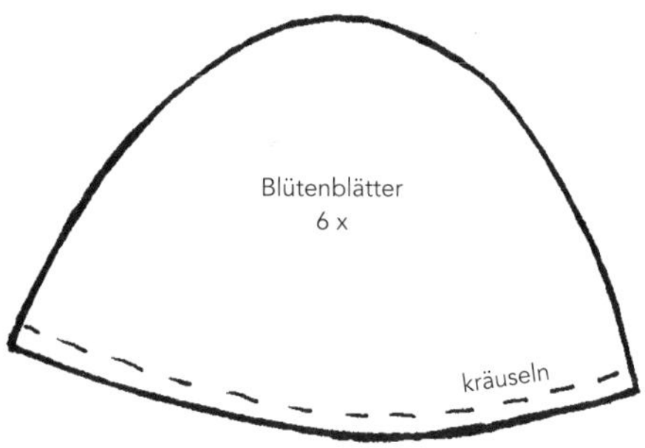
Blütenblätter
6 x
kräuseln

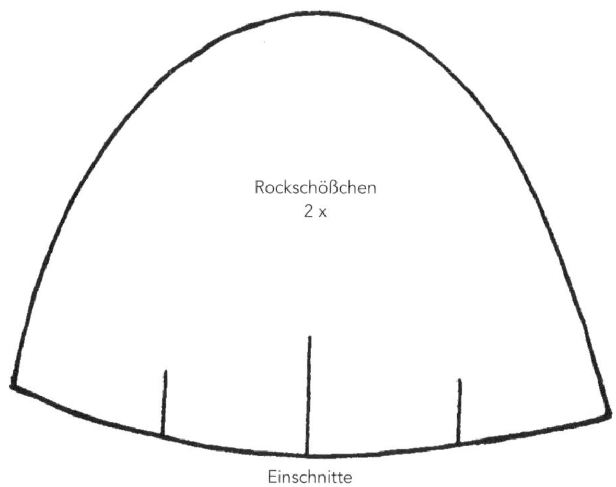
Rockschößchen
2 x
Einschnitte

Flügel

Die Flügel sind eine Kombination aus Schleierblättern und ausgeschnittenen Formen.

Schleierblätter an der Mittelader entlang falten.

Flügelrahmen nach dem Schnitt aus Zeichen- bzw. Fotokarton ausschneiden, beidseitig mit dem faserigen, durchscheinenden Papierbekleben (nur die Rahmen mit Klebstoff bestreichen), Überstand abschneiden.

Schleierblätter auf den Papierflügel kleben.

Nach dem Trocknen des Klebstoffs das Flügelpaar an die Rückennaht des Oberteils kleben, dazu mit der Heißklebepistole einen Streifen Klebstoff direkt auf die Naht streichen und die Flügel einige Sekunden andrücken.

Zum Schluss die Holzklompen anziehen, evtl. etwas Klebstoff hineingeben, nach Wunsch die Spitzen mit Goldflitter verzieren.

Apfelblütenelfe

Material

weißen, hellrosafarbenen und grünen Wollfilz
grüne Pongeeseide
blonde Märchenwolle (Haare)
weißen Zeichenkarton
Reisseide oder Vliespapier, Transparentpapier etc. in Weiß
2 grüne Schleierblätter (Flügel)

Arbeitsschritte

Figur anfertigen, Gesicht sticken.

Oberteil aus rosa Filz nähen, Ärmelsäume in Wellenlinien schneiden, Unterhose aus weißem Filz nähen, Rock aus grüner Pongeeseide nähen.

Neun grüne Blätter aus Filz ausschneiden.

Einen schmalen, weißen Filzstreifen als Gürtel zuschneiden.

Alle Kleidungsstücke anziehen, Rückennaht am

Oberteil schließen, Oberteil mit ein paar Stichen am Körper befestigen.
Rock anziehen und die neun grünen Blätter rundherum am Rockbund befestigen, darüber den schmalen Gürtel anbringen.
Grundfrisur anfertigen, einen ca. 12 cm langen, nicht zu dicken Zopf separat aus der Märchenwolle flechten, über Stirn und Schläfen anbringen und links und rechts je ein Zopfende hängen lassen.
Fünf weiße Blütenblätter nach der Skizze aus Filz ausschneiden, mit einem roten Farbstift die Blattränder innen und außen leicht rosa tönen.
Die Blütenblätter an den Rändern entlang mit Reihfäden versehen (siehe Skizze), aber nur an der Blattunterseite, nicht ganz durch den Filz stechen, sondern *im* Filz bleiben, damit die Stiche außen unsichtbar bleiben. Ränder nur ganz leicht zusammenziehen, sodass sie sich ein wenig wölben und wellen.
Alle Blätter oben an der Stielseite mit wenigen Stichen zu einem Blütenhut zusammenfügen.
Aus grünem Filz die sternförmige Blütenrückseite ausschneiden, kleine Reihstiche, wie die Skizze zeigt, anbringen und zusammenziehen, sodass ein kleiner Knorpel entsteht. Diesen Teil auf die Blüte setzen (Textilklebstoff).
Das fertige Hütchen wiederum mit Textilklebstoff auf den Kopf setzen, mit Stecknadeln fixieren, bis alles getrocknet ist.

Flügel

Nach der Skizze die Flügel aus Zeichenkarton ausschneiden und mit weißem Reisseidenpapier o.Ä. beidseitig bekleben, Überstand rundherum abschneiden.
Auf die weißen Flügel werden zusätzlich zwei grüne Schleierblätter geklebt, das lässt die Figur duftiger wirken.

Achtung

Nur sehr wenig Alleskleber verwenden und nur unten am Blattansatz kleben.

Fertige Flügel mit einem Streifen Heißkleber direkt an der Rückennaht des Oberteils befestigen.

Hinweis

Einer alten Überlieferung zufolge soll man den letzten schönen Apfel immer für das Apfelmännlein am Baum belassen, damit es im kommenden Jahr wieder eine gute Ernte gibt.

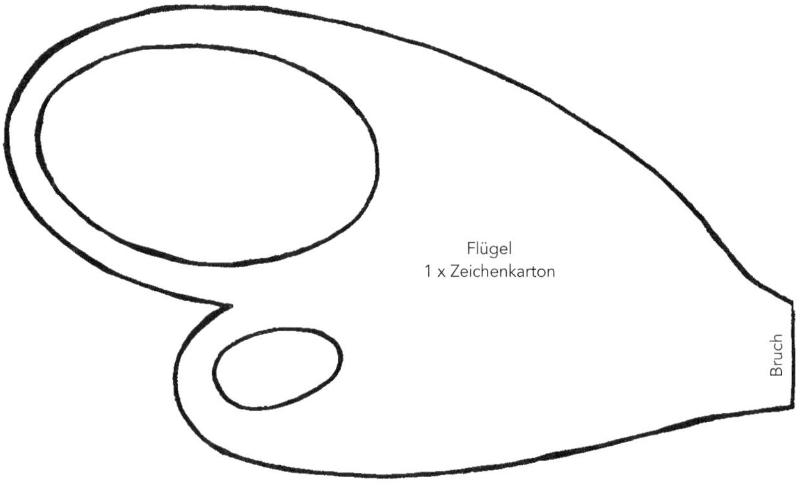

grüne Blütenrückseite

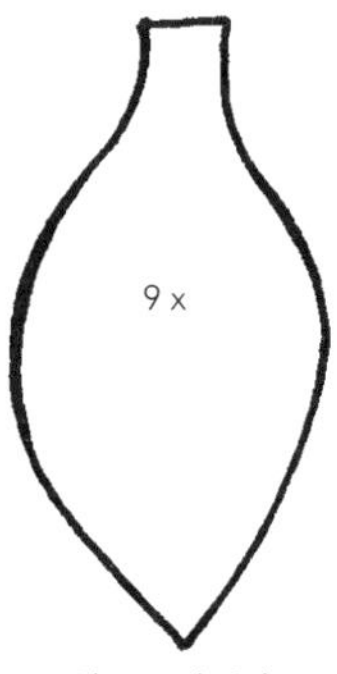

grüne Blätter als Schürze unter den Gürtel geschoben

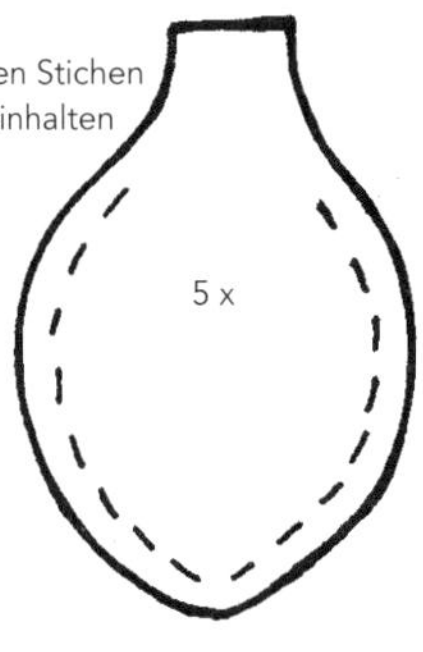

weiße Blütenblätter als Kopfbedeckung

Zitronenelfe

Material

zitronengelben und grünen Wollfilz
zitronengelben Seidenstoff
hellgelbe Märchenwolle (Haare)
Reisseidenpapier
Plissee-Silk-Band (Geschenkband aus reißfestem, plissiertem Papier) o.Ä. für Flügel und Bluse
Architektenpapier
gelbe Glasperlen / schmales, gelbes Satinband

› Arbeitsschritte

Figur anfertigen, Gesicht sticken.

Oberteil aus Plissee-Silk-Band anfertigen (wie Oberteil aus Filz, aber geklebt statt genäht, Ärmel etwas breiter und länger bemessen, damit man sie umkrempeln kann, vorn ein Schürzchen stehen lassen).

Unterhose aus grünem Filz nähen, Rock aus zitronengelber Seide.

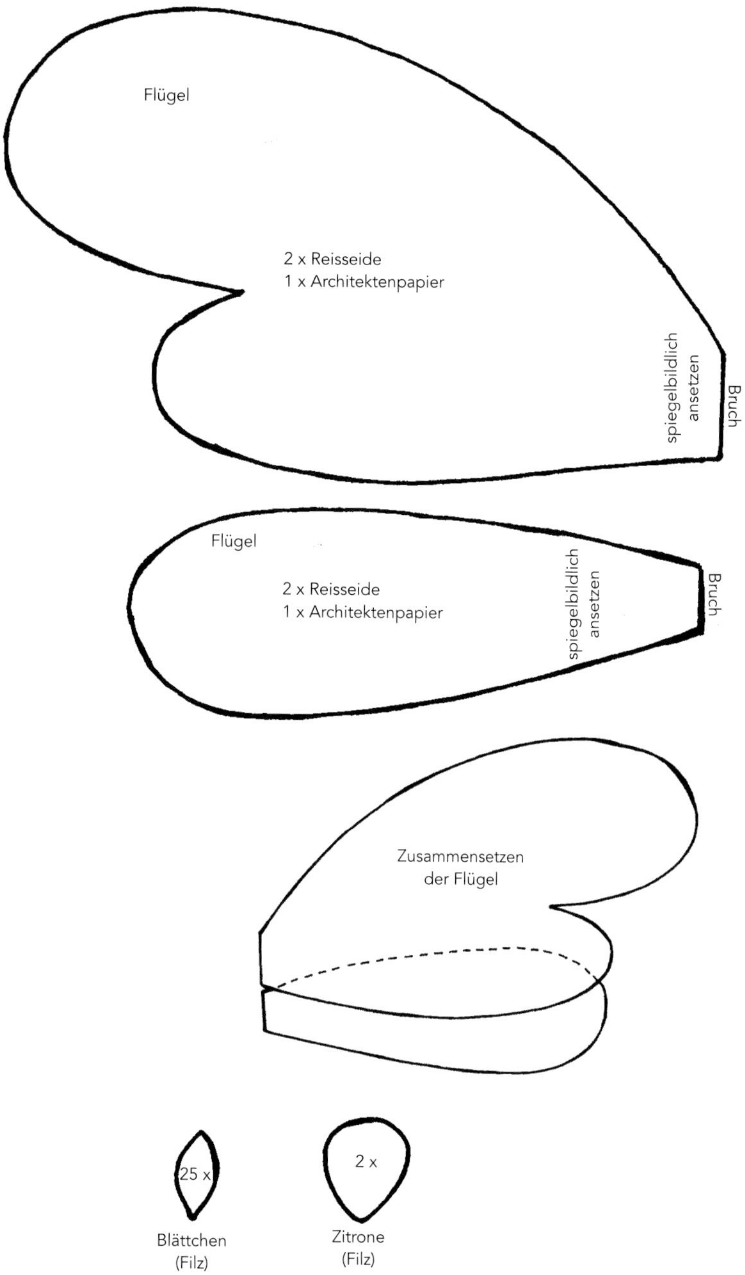

Alle Teile anziehen.

Haartracht anbringen (langes, glattes Haar mit Pony).

Elf kleine, grüne Filzblättchen ausschneiden und über Stirn und Schläfen heften oder kleben (Textilklebstoff), darüber kommt ein schmales Satinband.

Rock nach Wunsch mit Glasperlen und grünen Blättchen verzieren.

Flügel nach der Skizze ausschneiden, zwischen den Seidenpapierlagen liegt jeweils eine Lage Architektenpapier zur Verstärkung, Ober- und Unterflügel zusammensetzen und mit einem Streifen Heißkleber am Rücken anbringen.

Flügel mit ausgeschnittenen Zitronen, Blättchen und Goldflitter verzieren.

Himbeerelfe

Material

himbeerrosanen und etwas grünen Wollfilz
himbeerroten Organza / himberrosane Glasperlen
2 Schleierblätter (grün) / weißen Zeichenkarton
grüne Vlies-Seiden- bzw. Transparentpapier zum Beziehen der Flügel
hellgelbe (Haare) und himberrosane (Himbeeren) Märchenwolle / grünes Satinband (Gürtel)
Schaschlikspießchen als Zauberstab

Arbeitsschritte

Figur anfertigen, Gesicht sticken.
Oberteil und Unterhose aus himbeerrosa Filz nähen, Rock aus doppelt liegendem Organza nähen (siehe Seidenrock auf Seite 38).
Alle Teile anziehen, rückwärtige Naht am Oberteil schließen, Rockbund mit einigen Stichen am Rumpf befestigen, einen Gürtel aus grünem Satin um die Taille binden.

Grundfrisur anfertigen, zwei dünne Wollzöpfchen flechten, zu Schnecken drehen, mit ein paar Stichen zusammenheften und über den «Ohren» annähen.
Aus einem grünen Filzrest ein Haarband schneiden, um den Kopf legen und gut befestigen.
Himbeere: Aus rosa Märchenwolle ein kleines, festes Knäuel wickeln, mit warmem Wasser durchfeuchten und zwischen den eingeseiften, aber nicht zu nassen Handflächen zunächst vorsichtig, später dann energischer rollen (filzen), bis eine feste Kugel entstanden ist.
Vier ungefähr gleich große Kugeln filzen, drei werden für den Kopfschmuck, die vierte für den Zauberstab benötigt.
Die getrockneten Kugeln dicht mit himbeerrosafarbenen Glasperlen besticken und mit Textilklebstoff an das Haarband kleben (Klebeflächen bleiben ohne Perlen!), eventuell mit Stecknadeln bis zum Trocknen am Kopf fixieren.

Zauberstab

Schaschlikspieß auf ca. 8 cm kürzen und grün anmalen. Die rundherum mit Perlen bestickte Himbeere mit der Heißklebepistole an die Spitze kleben, fünf grüne Filzblättchen darunter anbringen. Zauberstab mit einigen Stichen an der Handfläche befestigen, nicht durch die ganze Hand stechen, man kann den Stab auch vorsichtig mit etwas Heißkleber befestigen.

Flügel

Flügel (Grundschnitt siehe Tulpenelfe auf Seite 64, die Aussparungen kann man der Fantasie nach entsprechend gestalten) aus Zeichenkarton ausschneiden, beidseitig mit dem grünen Transparentpapier beziehen, Überstand rundherum abschneiden.
2 grüne Schleierblätter nur unten mit wenig Alleskleber auf die Papierflügel kleben.
Die Schleierblätter an der Mittelader entlang mit Goldflitter versehen.

Erdbeerelf

Material

erdbeerroten, hell- und dunkelgrünen, etwas weißen und gelben Wollfilz
grüne Märchenwolle (Haare)
weißen Zeichenkarton
grünes Reisseidenpapier o.Ä.
2 Schleierblätter (grün)
grüner Sticktwist
Holzstäbchen / Schaschlikspieß

Arbeitsschritte

Figur anfertigen, Gesicht sticken.
Oberteil und Pumphose aus Filz nähen und anziehen, Rückennaht am Oberteil schließen, Hosenbund mit wenigen Stichen am Körper befestigen, Oberteil liegt über dem Bund.
Nach der Skizze ein Erdbeerblatt ausschneiden, Äderchen aufsticken, Blatt vorn seitlich am Gewand als Schürze anbringen.

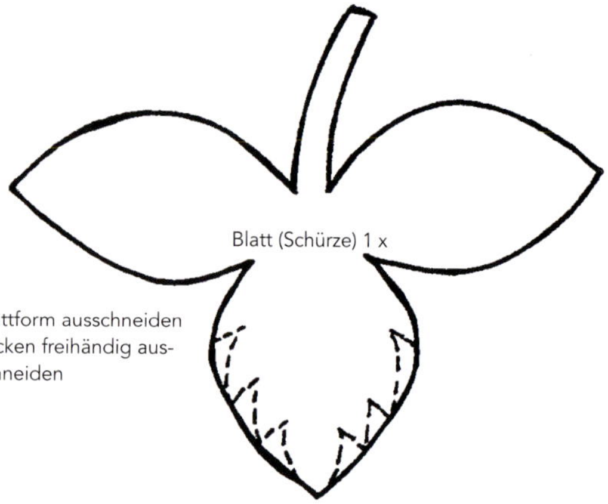

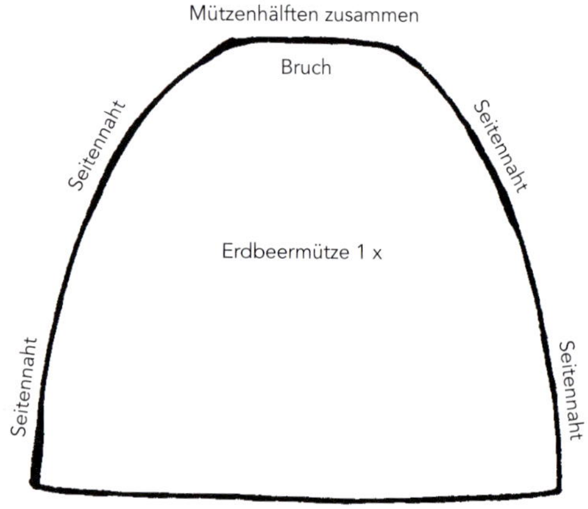

Grundfrisur aus grüner Märchenwolle herstellen, seitlich je eine Haarsträhne etwas herauszupfen und wie eine kleine Rolle wieder hochformen.
Erdbeerhütchen nach dem Schnitt anfertigen, die kleinen grünen Samen mit Spannstichen aufsticken.
Pantoffeln (Schnitt siehe Seite 36) zuschneiden, mit kleinen überwendlichen Stichen oder Textilklebstoff zusammenfügen, Oberseiten mit kleinen grünen Spannstichen besticken, Pantoffeln evtl. innen mit einem Tropfen Textilkleber versehen und anziehen.
Flügel (Schnitt siehe Tulpenelfe auf Seite 64) aus weißem Zeichenkarton ausschneiden und beidseitig mit grünem, faserigen Seidenpapier bekleben, Überstand rundherum abschneiden.
Zwei grüne Schleierblätter an der Mittelader entlang falten und nur im unteren Bereich mit sehr wenig Alleskleber auf die Papierflügel kleben, die fertigen Flügel mit Hilfe der Heißklebepistole auf die Rückennaht des Oberteils kleben.

Zauberstab

Ein ca. 8 cm langes Schaschlickstäbchen grün anmalen, an die Spitze eine Erdbeerblüte kleben (siehe Wiesenblumenelfen, Seite 54), zwei grüne Blätter darunter anbringen (Schnitt siehe Blattschürze, ein Segment davon verwenden).

Kirschfee

Material

mittel- und hellgrünen, hellrosanen und etwas gelben Wollfilz
kleine rote Holzperlen (4 mm)
rote Pongeeseide
4 rote Schleierblätter
dunkelrote Märchenwolle (Haare)
Schaschlikspieß

Arbeitsschritte

Figur anfertigen, Gesicht sticken.
Oberteil und Unterhose aus mittelgrünem Filz nähen. Rock aus roter Pongeeseide herstellen, alle Teile anziehen, den Rock mit wenigen Stichen am Rumpf befestigen, Oberteil liegt über dem Bund, Rückennaht schließen.
Das Oberteil mit kleinen, roten Holzperlen und Filzblättchen besticken (Kirschen).

Langes, glattes Haar aus kirschroter Märchenwolle anbringen, die Haare rundherum zu einer Rolle hochformen und mit ein paar Stichen fixieren.

Aus 11 kleinen, hellgrünen Blättchen und 20 kleinen, kirschroten Holzperlen einen Kranz auf das Haar heften.

Die Flügel bestehen aus vier roten Schleierblättern, die an der Mittelader entlang geknickt und ineinandergeschoben sind, unten werden sie mit Alleskleber aneinander befestigt, nach dem Trocknen klebt man sie mit Heißkleber an die Rückennaht des Oberteils. Jeder Flügel wird zum Schluss mit einer Kirschblüte geschmückt.

Zauberstab

Ein ca. 10 cm langes Schaschlikstäbchen grün anmalen, daran werden hellrosa Kirschblüten (Schnitt siehe Wiesenblumenelfen, Seite 54) und einige hellgrüne Blättchen geklebt.

■ Hinweis

Alte Sagen und Märchen berichten, dass sich unter Kirschbäumen, besonders zur Blütezeit, die Elfen zu ausgelassenen Tänzen versammeln. Niemals sollten Menschen den Einladungen zum Tanz folgen, es würde ihnen nichts als Unheil bringen.

Rosenfee

Material

Wollfilz in verschiedenen Rosétönen, etwas grünen Wollfilz
Pongeeseidenstoff in Dunkelrosa
1 dunkelrosa Seidentuch (15 x 15 cm) für den Spitzhut
Reisseidenpapier o.Ä.
weißen Zeichenkarton
mittelgrüne Märchenwolle (Haare, Rosenstiel)

› Arbeitsschritte

Figur anfertigen, Gesicht sticken.
Oberteil und Unterhose aus hellrosa Filz nähen, Ärmelkanten wellenförmig schneiden, Rock aus dunkelrosa Seide nähen.
Alle Teile anziehen, Rückennaht schließen, Oberteil mit wenigen Stichen am Körper befestigen, Rockbund liegt über dem Oberteil.
Haare aus mittelgrüner Märchenwolle gestalten

Mohnelf

● Material

roten, schwarzen und grünen Wollfilz
mohnrotes Silk-Plissee-Band
schwarze Märchenwolle (Haare)
grüne Glasperlen
schwarzen Sticktwist
schwarzen Farbstift

› Arbeitsschritte

Figur anfertigen, Gesicht sticken.

Mohnrotes Oberteil aus Filz nähen, das Oberteil vorn in Bauchhöhe mit dem schwarzen Stift kreisförmig anmalen (gerade Striche), es soll aussehen wie das Innere einer Mohnblüte, zusätzlich mit schwarzem Sticktwist (Faden teilen) strahlenförmig Spannstiche darübersticken. In die Mitte kommt als Blütenstempel eine grüne Glasperle.

Schwarze Pumphose aus Filz nähen, anziehen und mit ein paar Stichen am Rumpf befestigen, fertiges Oberteil ebenfalls anziehen, rückwärtige Naht schließen.

Aus der schwarzen, ungesponnenen Wolle Grundfrisur arbeiten, mit der Filznadel in Form frisieren.

Nach der Skizze drei grüne Mohnblätter aus Filz ausschneiden und seitlich über der Stirn anbringen.

Drei kleine Mohnblüten

Vom Plissee-Band sechs Streifen, je 2 cm lang, abschneiden (aus zwei Streifenabschnitten entsteht eine Blüte). Immer zwei Streifen an den Schmalseiten zusammenkleben, damit die Blüte schön üppig wird.

Mit schwarzem Stift (hier kann man einen dünnen Faserschreiber verwenden) an einer Seite Linien aufstricheln, das wird das Innere der Blüte. Nun die beiden Enden des Streifens zusammenkleben, einen Reihfaden durchziehen und fest zusammenziehen. Mit dem gleichen Faden eine grüne Glasperle (Stempel) in der dunklen Blütenmitte befestigen.

Eine der drei Mohnblüten kommt an die Stirn zu den beiden grünen Blättern, die anderen beiden schmücken die Pantoffeln.

Pantoffeln

Schnitt siehe Seite 36. Die Teile mit Textilklebstoff zusammenfügen, Oberseite nach Wunsch mit etwas Goldflitter versehen, Mohnblüten auf die Mitte kleben.

Flügel

Vom Plissee-Band ein 40 cm langes Stück abschneiden (das Band ist in nicht aufgefächertem Zustand 5 cm breit). Band an den Enden auffalten und hier knapp übereinanderkleben. Nach dem Trocknen die Nahtstelle mit einem Faden abbinden, fertig sind zwei Flügel (siehe dazu Abbildung Seite 120, weiße Plissee-Flügel). Den Mittelteil der Flügel kann man wieder mit dem schwarzen Farbstift stricheln, wie die Abbildung zeigt .

Flügel auffächern, etwas Heißkleber auf die Abbindestelle geben und direkt auf die rückwärtige Naht des Oberteils drücken.

Fingerhutelfe

Material

rotvioletten und grünen Wollfilz
blauvioletten Pongeeseide
2 Schleierblätter (grün)
2 Schleierblätter (violett) für die Flügel
dunkelviolette Märchenwolle (Haare)
rote und/oder violette Textilpainter (Filzmaler für Stoffe)

› Arbeitsschritte

Figur anfertigen, Gesicht sticken. – Oberteil aus rotviolettem Filz nähen, Pumphose aus blauvioletter Pongeeseide zuschneiden, vor dem Nähen mit dem Textilpainter Punkte auf der Seide verteilen, denn Pünktchen sind typisch für die Fingerhutblüte. Alle Teile anziehen, Hosenbund mit wenigen Stichen an den Rumpf heften, Rückennaht schließen, Oberteil verdeckt den Bund.

Langes Haar mit Pony arbeiten, Haare hochformen, sodass eine schöne, großzügige Rolle entsteht, mit der Filznadel in Form frisieren.
Nach dem Schnitt den Hut anfertigen. Achtung: Da man die Krempe hochbiegt, liegt nur hier die Naht außen.
Den Krempenbereich, wie schon die Pumphose, mit Punkten versehen.
Den grünen Blattkranz nach der Skizze aus Filz ausschneiden, die Mitte mit einem Reihfaden kräuseln, den so entstandenen Knorpel innen mit Textilkleber versehen und auf die Hutspitze setzen. Den Hut ebenfalls mit Textilkleber auf dem Kopf befestigen, bis zum Trocknen mit Stecknadeln fixieren.

Die Flügel bestehen aus vier Schleierblättern, sie werden an der Mittelader entlang gefaltet und unten mit wenig Alleskleber zusammengeklebt. Ein Paar besteht jeweils aus einem grünen und einem violetten Blatt. Flügel mit Heißkleber an der rückwärtigen Naht des Oberteils anbringen, Flügel sparsam mit Goldflitter-Pünktchen versehen. (Flügelrückseite der Fingerhutelfe siehe auch Seite 21.)
Pantoffeln aus grünem Filz ausschneiden (Schnitt siehe Seite 36), Sohlen und Oberseiten können aus unterschiedlichen Grüntönen bestehen. Teile mit Textilkleber zusammensetzen, nach Wunsch am Rand mit Goldflitter bestreuen, wie die Abbildung zeigt.

Hinweis

Seit altersher ist bekannt, dass die Blüten des Roten Fingerhutes von Elfen besonders gern als Kopfbedeckung getragen werden. Die Pflanze ist zwiespältig, sie enthält Digitalis, ein todbringendes Gift, andererseits wird aus ihr eine wirkungsvolle Herzmedizin gewonnen.

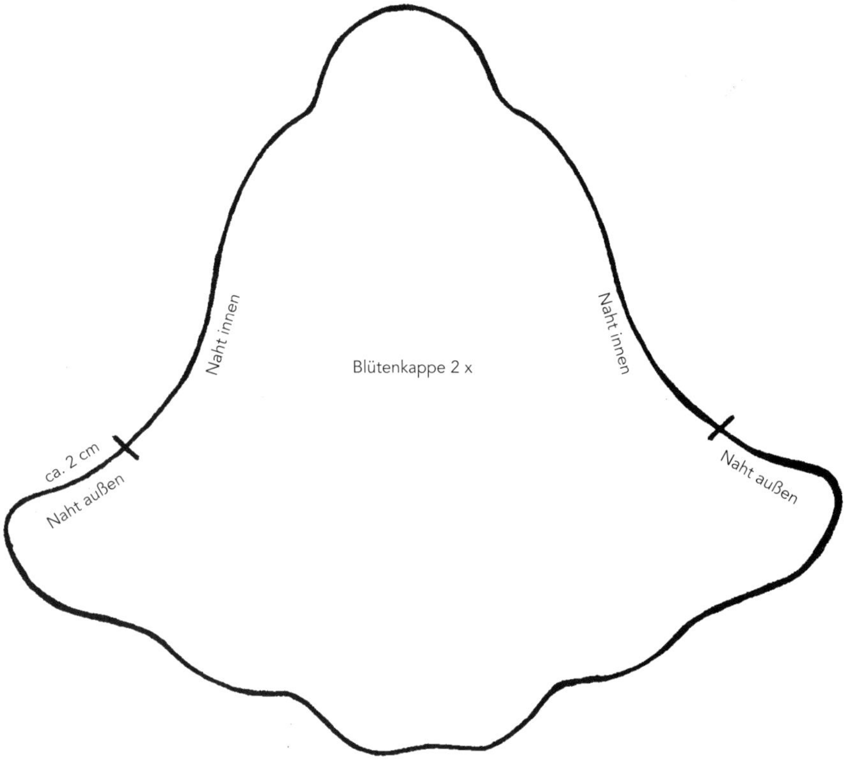
Blütenkappe 2 x
Naht innen
Naht innen
ca. 2 cm
Naht außen
Naht außen

Blattkranz
Mitte etwas kräuseln, sodass ein kleiner Knorpel entsteht

Erbsenelfe

● Material
mittelgrünen und weißen Wollfilz
dunkelgrüne Pongeeseide
hellgelbe Märchenwolle (Haare)
Architektenpapier, weißes Reisseidenpapier o.Ä.
2 Schleierblätter (grün)
ca. 42 erbsengrüne Wachsperlen, 4 mm
1 kleine gelbe Indianerperle

› Arbeitsschritte

Figur anfertigen, Gesicht sticken.

Oberteil aus mittelgrünem Filz nähen, Ärmelbündchen wellenförmig schneiden, Unterhose aus weißem Filz nähen, Rock aus grünem Pongeeseidenstoff nähen.

Alle Teile anziehen, Rockbund kommt unter das Oberteil und wird mit wenigen Stichen an den Körper geheftet.

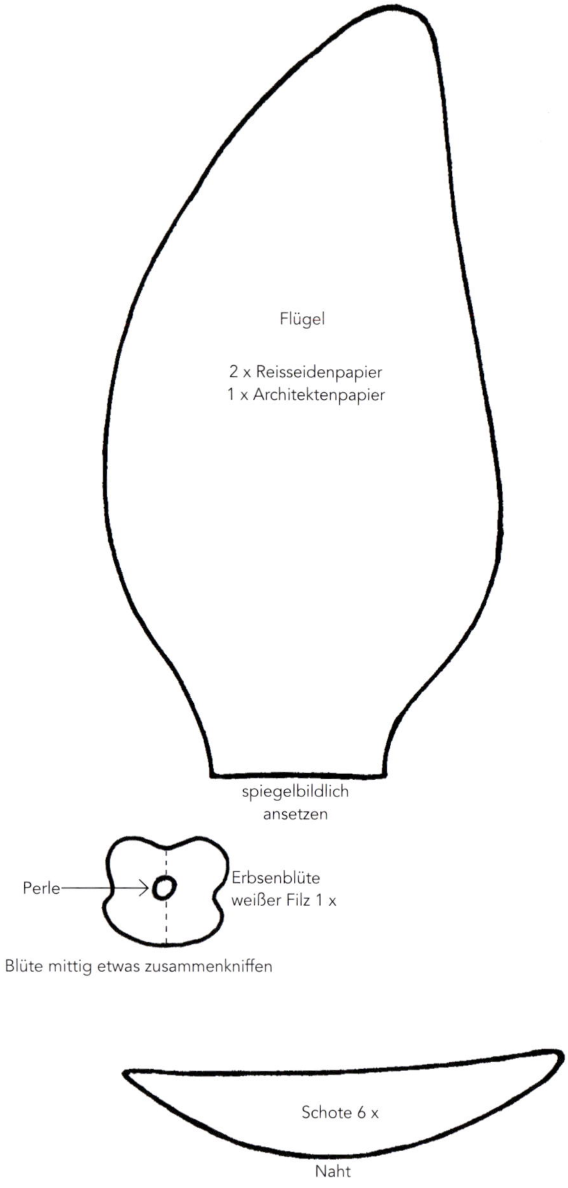

Haar anbringen (langes, glattes Haar mit Pony). 12 Wachsperlen als Haarkranz auffädeln, in die Mitte, direkt über der Stirn, eine kleine, stilisierte Erbsenblüte aus weißem Filz heften, deren Mitte eine gelbe Indianerperle ziert.

Nach der Skizze sechs Schotenhälften aus Filz ausschneiden. An den gebogenen Seiten jeweils zwei Hälften mit sehr kleinen, überwendlichen Stichen zusammennähen.

In die Mitte je zehn Wachsperlen immer leicht versetzt anbringen. Die Stiche sollten außen an den Schoten nicht zu sehen sein.

Flügel

Nach dem Schnittmuster die Flügelformen zweimal aus Reisseidenpapier o.Ä., einmal aus Architektenpapier ausschneiden, die Lagen zusammenkleben, wobei das Architektenpapier in der Mitte zu liegen kommt.

Die beiden grünen Schleierblätter einmal in der Mitte falten und auf die Papierflügel kleben, jedoch nur im unteren Bereich und mit sehr wenig Alleskleber.

Tipp

Zuerst die drei Papierlagen aufeinanderkleben, nach dem Trocknen des Klebstoffs die Flügelumrisse aufzeichnen und das Ganze ausschneiden.

Möhrenelfe

Material

orangefarbenen und grünen Wollfilz
leuchtend orangefarbene Märchenwolle (Haare)
festes Vliespapier oder Vliesstoff
etwas grünes Satinband (Gürtel)

› Arbeitsschritte

Figur anfertigen, Gesicht sticken.
Aus orangem Filz das Oberteil, aus grünem Filz die Hose nähen. Hier wurden die Hosenbeine nicht gekräuselt, sondern nur nach innen geschlagen.
Alle Teile anziehen, Oberteil am Rücken schließen, Hose und Oberteil mit ein paar Stichen am Rumpf fixieren, darüber kommt als Gürtel das Satinband.

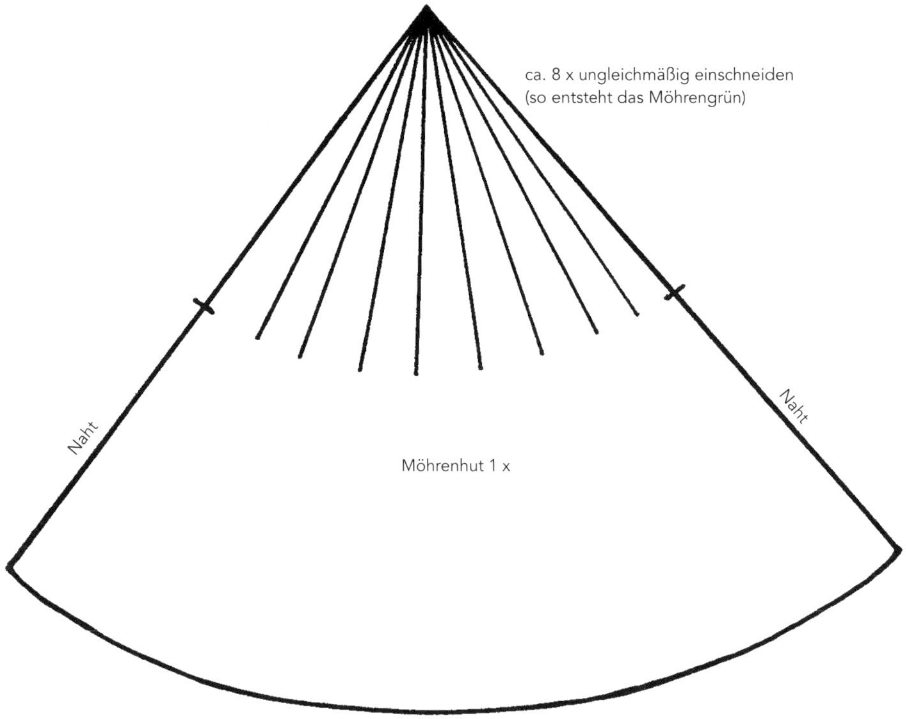
ca. 8 x ungleichmäßig einschneiden
(so entsteht das Möhrengrün)
Naht
Naht
Möhrenhut 1 x

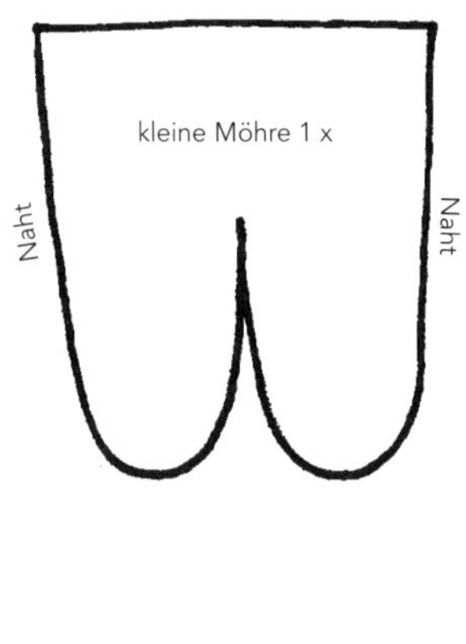
kleine Möhre 1 x
Naht
Naht

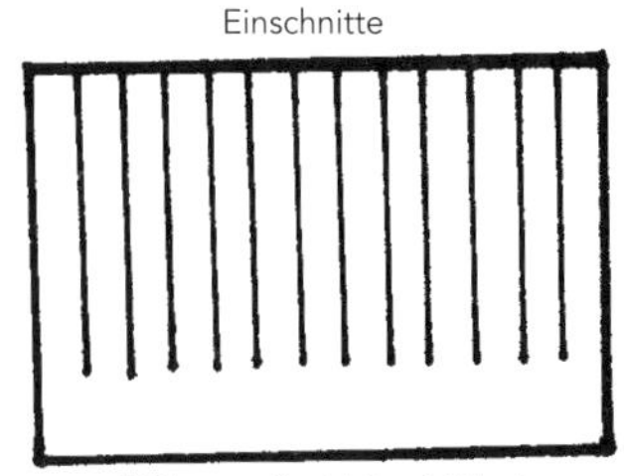
Einschnitte
Möhrengrün (kleine Möhre)

Haare aus leuchtend orangefarbener Märchenwolle anbringen (langes, glattes Haar ohne Pony).
Die Haarpracht in zwei Teile formen, über jede Schulter fallen lassen, Enden zwischen zwei Fingern zwirbeln.
Nach dem Schnittmuster den Hut, der das Möhrengrün darstellen soll, ausschneiden. An der markierten Stelle zusammennähen, oben einschneiden, mit ein paar Stichen an den Kopf heften.
Die kleine Möhre nach der Skizze herstellen, das «Möhrengrün» oben in die Öffnung stopfen, Öffnung zusammenziehen und das Möhrchen anbringen.

Flügel

Von dem festen Vliesstoff zwei Lagen zusammenkleben, nach dem Trocknen daraus die Flügel ausschneiden (Schnitt siehe Tulpenelfe auf Seite 64); ist der Vliesstoff zu dünn, klebt man zu Stabilisierung eine Lage Architektenpapier dazwischen.
Flügel nach Wunsch mit Möhrenformen und grünen Blättchen bekleben (Filz oder Transparentpapier) und mit der Heißklebepistole an der Rückennaht des Oberteils anbringen.

Pfauenaugenelfe

● Material

hellbrauner Wollfilz
orangefarbenen Seidenstoff
schwarze Märchenwolle (Haare)
2 schwarze Holzperlen
etwas Basteldraht
rotes Transparentpapier / Architektenpapier
etwas Buntpapier und Transparentpapier in Schwarz, Orange, Blau, Gelb und Violett

› Arbeitsschritte

Figur anfertigen, Gesicht sticken.
Oberteil und Unterhose aus hellbraunem Filz, Rock aus oranger Pongeeseide nähen.
Alle Teile anziehen, Rockbund mit ein paar Stichen an den Rumpf heften, Oberteil am Rücken mit überwendlichen Stichen schließen, Oberteil verdeckt den Rockbund. Aus schwarzer, langfaseriger Wolle Langhaarfrisur mit Pony anfertigen.

Einen schmalen, hellbraunen Filzstreifen als Haarband zuschneiden.
Durch den Streifen einen dünnen Basteldraht stecken, auf die Enden zwei schwarze Holzperlen stecken.
«Fühler» mit schwarzer Wolle bewickeln, das Haarband um den Kopf legen (Textilklebstoff), sodass die Fühler genau über der Stirn zu liegen kommen, Fühler zurechtbiegen.
Pantoffeln aus hellbraunem Filz herstellen (Schnitt siehe Seite 36), nach Wunsch mit Silberflitter verzieren.

Flügel

Rotes Transparentpapier knüllen und wieder glätten (Bügeleisen).
Eine Lage Architektenpapier zwischen zwei Lagen des vorbereiteten Transparentpapiers kleben.
Nach dem Trocknen die drei Flügelformen ausschneiden, bekleben (Buntpapier) und bemalen, wie die Abbildung zeigt.
Die kleinen Flügel mit wenig Klebstoff nur unten an die großen kleben.
Fertige Flügel mit einem Strich Heißkleber auf die rückwärtige Naht am Oberteil kleben.

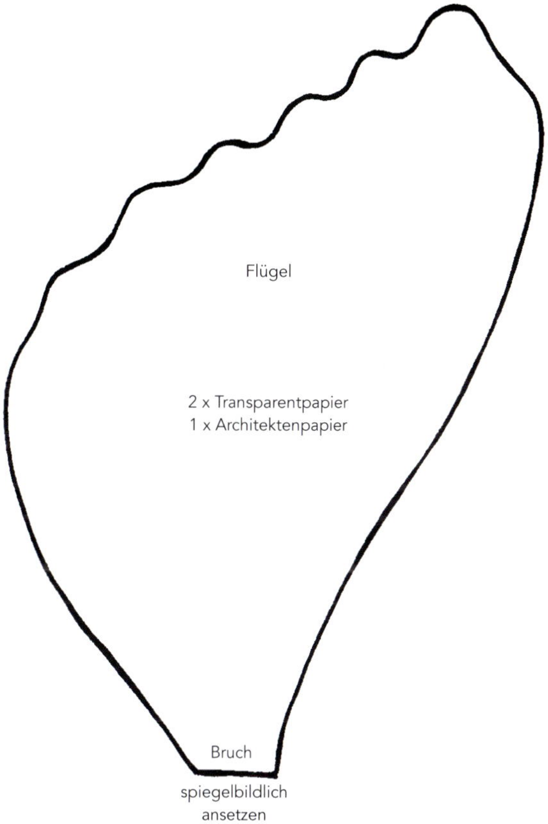

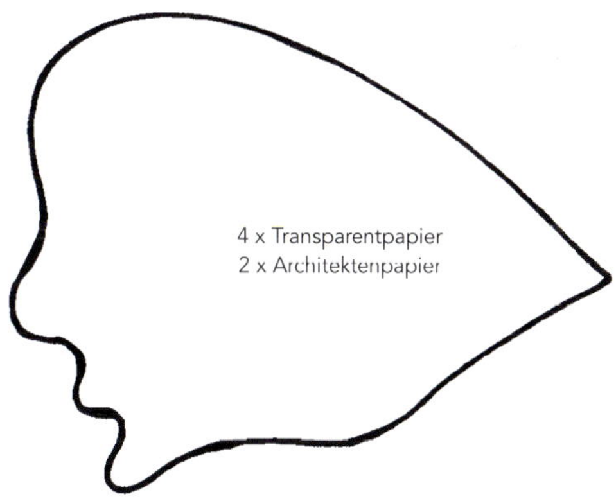

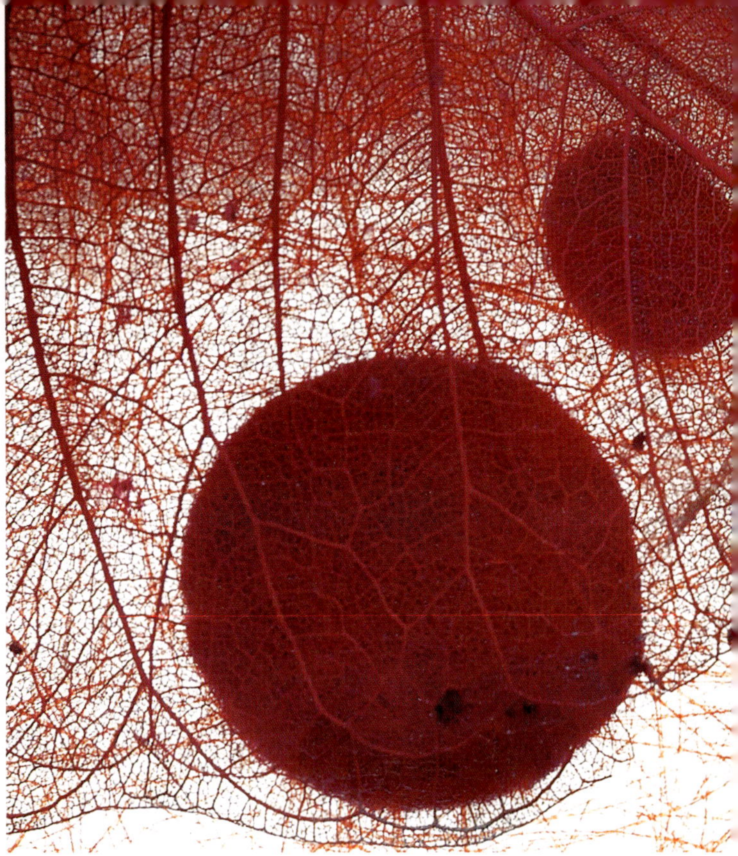

Tomatenelfe

Material

hellgrünen und etwas roten Wollfilz
tomatenroten Seidenstoff
rotbraune Märchenwolle (Haare)
rote Holzperlen (6 mm)
Flügel: roten oder orangefarbenen Vliesstoff
2 Schleierblätter (rot) / 2 Schleierblätter (grün) – können kleiner sein als die roten
evtl. etwas rotes Transparentpapier

Arbeitsschritte

Figur anfertigen, Gesicht sticken.
Oberteil und Unterhose aus grünem Filz, Rock aus tomatenroter Seide nähen (in diesem Fall Wildseide).
Alle Teile anziehen, Oberteil an den Rumpf heften, der gekräuselte Rockbund liegt über dem Oberteil. Zopffrisur aus rotbrauner Märchenwolle herstellen.

Aus einem grünen Filzstreifen einen Kranz auf dem Haar befestigen, einige rote Holzperlen als «Tomaten» darauf verteilen.

Flügel

Aus dem Vliesstoff zwei Flügel ausschneiden, in der Mitte falten, im oberen Bereich mit vier bis fünf aus Filz oder Transparentpapier ausgeschnittenen «Tomaten» bekleben.
Über jeden Vliesstoffflügel wird zusätzlich je ein rotes Schleierblatt gefaltet.
Die Flügel nur unten mit wenig Alleskleber zusammenhalten.
An die roten Flügel werden unten zusätzlich noch zwei ungefaltete, hellgrüne Schleierblätter geklebt, die sich am Rücken ein wenig überlappen (auf der Abbildung nur schemenhaft zu erkennen).
Fertige Flügelpaare mit Heißkleber an der Rückennaht des Oberteils ankleben.

■ Tipp

Beim Ausschneiden der Vliesblätter orientiert man sich an den Schleierblättern, die Vliesflügel haben deren Form, sind aber im Bereich der Spitzen ca. 1 – 2 cm größer.

Libellenelf

Material

graugrünen, hell- und mittelblauen und türkisfarbenen Wollfilz
metallisch wirkenden Vliesstoff (Deko-Vlies)
Architektenpapier / türkisfarbene Pongeeseide
blaugrüne Märchenwolle (Haare)
Schaschlikstäbchen (ca. 8 cm lang, Zauberstab)
3 dunkelblaue Holzperlen / Glasperlen (Indianerperlen) in schillernden Blau- und Grüntönen

Arbeitsschritte

Figur anfertigen, Gesicht sticken.
Oberteil aus graugrünem Filz, Pumphose aus türkisblauer Pongeeseide nähen.
Alle Teile anziehen, Oberteil an den Körper heften, Rückennaht schließen, Hosenbund kommt über das Oberteil.
Kurzhaarfrisur aus türkisfarbener Märchenwolle anfertigen, mit der Filznadel in Form frisieren.

Nach der Skizze das Käppchen aus zwei verschiedenen Blautönen ausschneiden und am Kopf anbringen, wie die Abbildung zeigt. Zum Schluss zwei dunkelblaue Holzperlen an jede Seite nähen.
Aus den Glasperlen eine 9 – 10 cm lange Kette auffädeln, beide Enden unter dem Käppchen in Ohrnähe annähen, die Mitte des Perlenstrangs am (gedachten) Mittelscheitel anheften. Die Perlenschnüre sollen über den Schläfen zwei kleine Bögen bilden.
Pantoffel (Schnitt siehe Seite 36) aus einem Filzrest herstellen, nach Wunsch mit Flitter oder Sternchen verzieren.

Flügel

Das Architektenpapier beidseitig mit dem metallischen Vliesstoff bekleben, nach dem Trocknen die Flügel ausschneiden, Flügelpaare, wie die Abbildung zeigt, aufeinanderkleben. Nur in der Mitte und mit wenig Alleskleber arbeiten, die einzelnen Flügel sollen beweglich bleiben.
Flügel mithilfe der Heißklebepistole an die Rückennaht des Oberteils kleben.

Zauberstab

Das Schaschlikspießchen mit Klebstoff bestreichen und mit Silberflitter bestreuen.
Nach dem Trocknen kleine Flügel (siehe Skizze) aus einem Papierrest der großen Flügel ausschneiden und an den Zauberstab kleben, an die Spitze kommt als Abschluss eine dunkelblaue Holzperle.

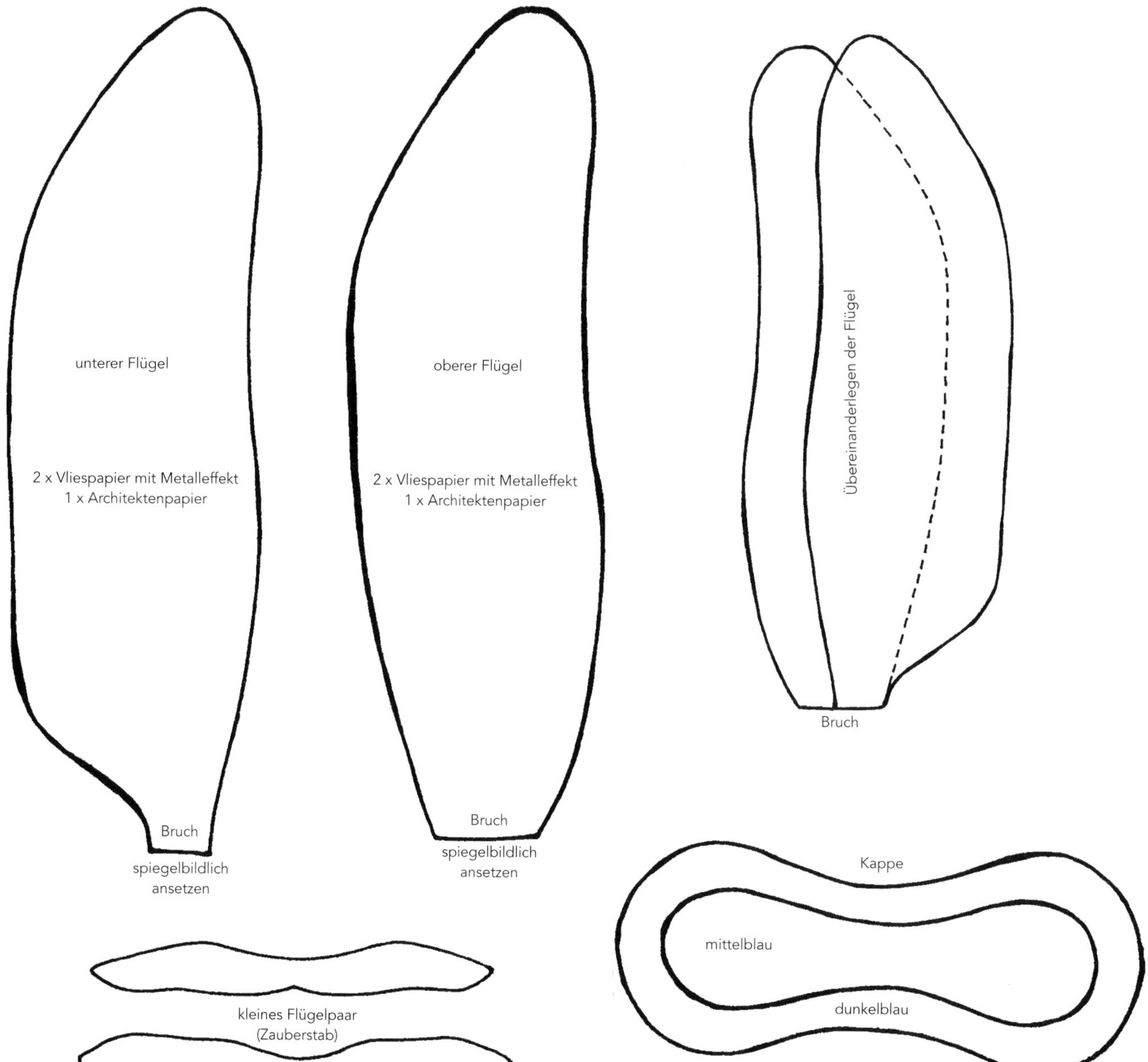
unterer Flügel
2 x Vliespapier mit Metalleffekt
1 x Architektenpapier
Bruch
spiegelbildlich ansetzen
oberer Flügel
2 x Vliespapier mit Metalleffekt
1 x Architektenpapier
Bruch
spiegelbildlich ansetzen
Übereinanderlegen der Flügel
Bruch
Kappe
mittelblau
dunkelblau
kleines Flügelpaar
(Zauberstab)

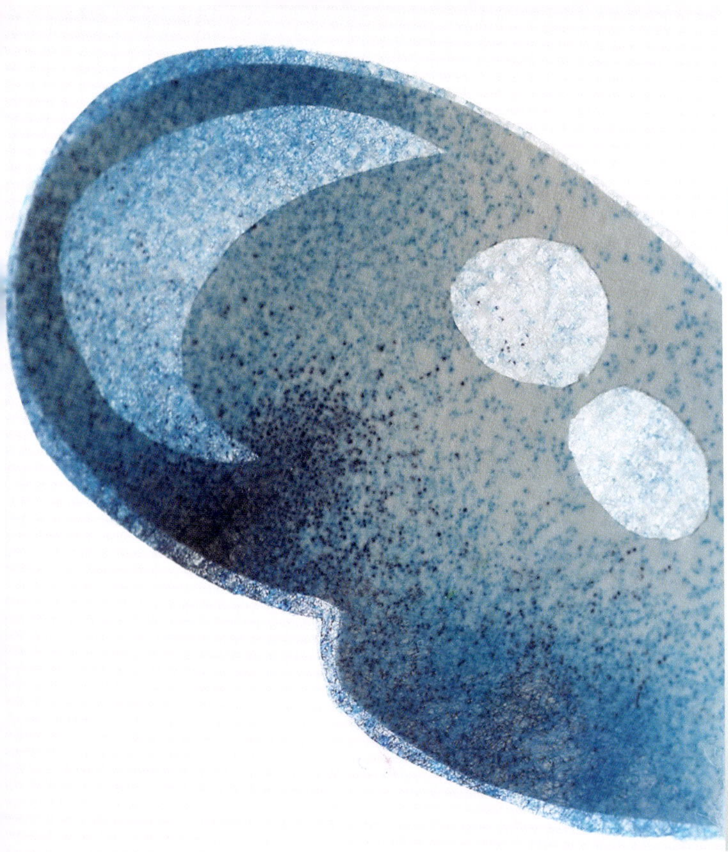

Wölkchen

Material

hellblauen Wollfilz
hellblaue Märchenwolle (Haare)
Vliespapier bzw. Vliesstoff mit Melierungen in Blautönen
weißen Zeichenkarton
etwas weiße Wolle (Wolkenschleier)
perlmuttfarbene Glasperlen (Indianerperlen)
ein Glassternchen

Arbeitsschritte

Figur anfertigen, Gesicht sticken.
Oberteil und Pumphose aus hellblauem Filz nähen.
Die Teile anziehen, Hosenbund an den Körper heften, Oberteil verdeckt den Bund, Rückennaht schließen.
Kurzhaarfrisur aus hellblauer Märchenwolle anbringen, mit der Filznadel in Form frisieren.

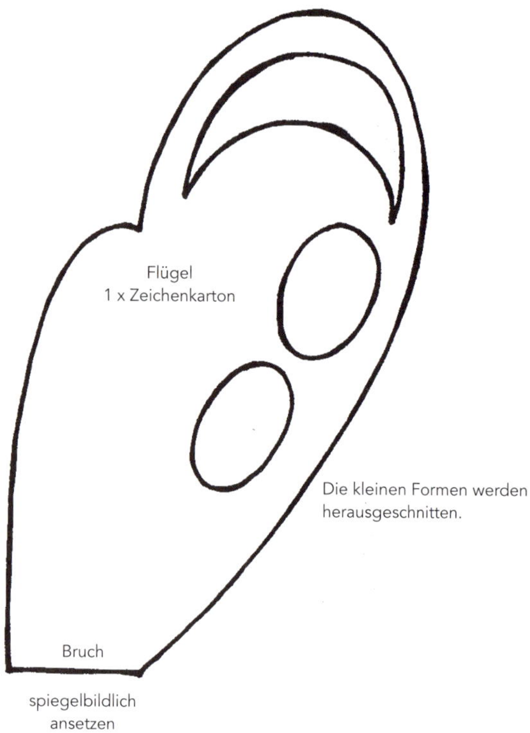

24 kleine Glasperlen auffädeln, die Enden seitlich am Kopf oberhalb der Schläfen befestigen. Den Perlenstrang wiederum mitten über der Stirn mit einem Stich anheften, sodass sich zwei kleine Bögen bilden. Auf die Mitte kommt zusätzlich ein Stern.

Über die Schulter als «Wolkenstreif» einen langfaserigen Wollflusen legen.

Flügel

Nach dem Schnittmuster das Flügelpaar aus dem Zeichenkarton ausschneiden, Aussparungen ausschneiden, Flügel beidseitig mit dem Vliespapier bekleben und mit einem Strich Heißkleber an der Rückennaht des Oberteils befestigen.

Bläuling

Material

mittel- und dunkelblauen Wollfilz
Vliespapier bzw. Vliesstoff mit Melierungen in Blautönen
Architektenpapier
mittelblaue Märchenwolle (Haare)
Glasperlen (Indianerperlen) in verschiedenen Blautönen / etwas weißen Zeichenkarton
Schaschlikspieß, 8 – 10 cm lang (Zauberstab)

Arbeitsschritte

Figur anfertigen, Gesicht sticken.

Oberteil aus mittelblauem, Hose aus dunkelblauem Filz nähen, Hosenbeine werden in diesem Fall nicht gekräuselt.

Die Teile anziehen, Hosenbund mit Stichen an den Rumpf heften, Hosenbeine nach innen krempeln, Naht am Rücken des Oberteils schließen, Oberteil über den Hosenbund ziehen.

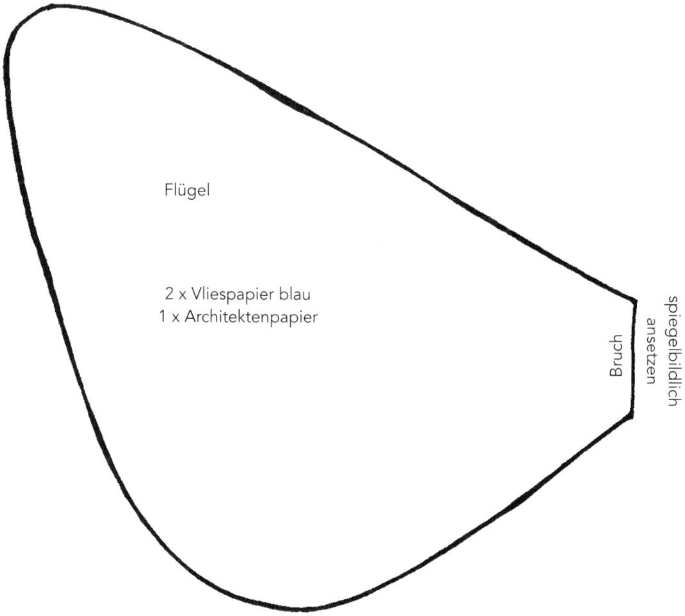

Flügel
Zauberstab und Stirnschmuck

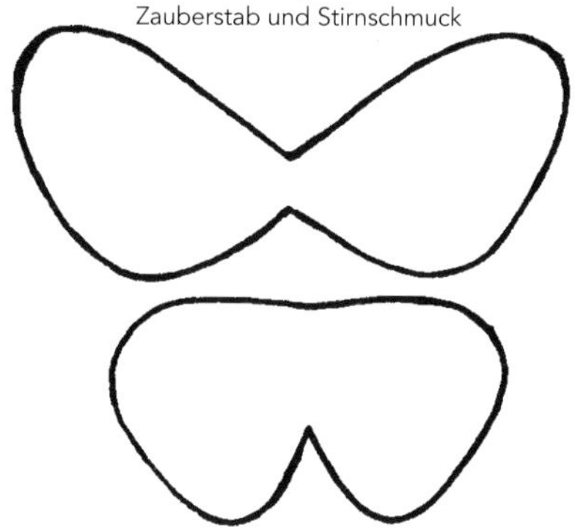

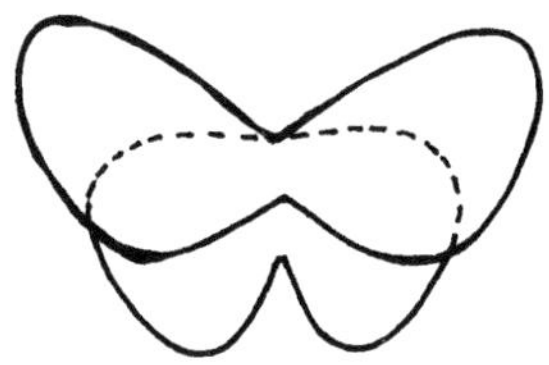

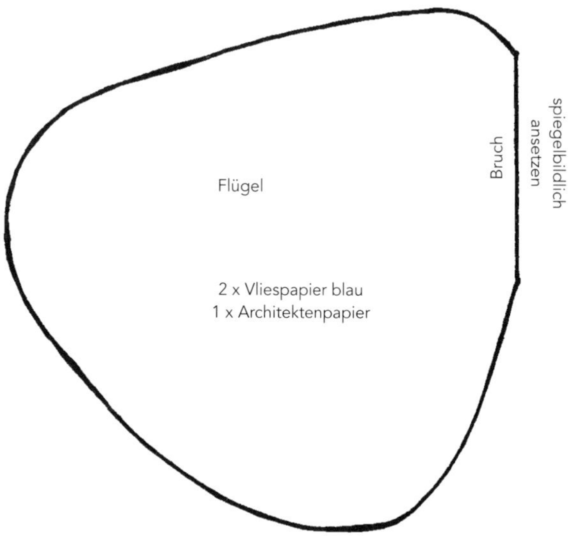

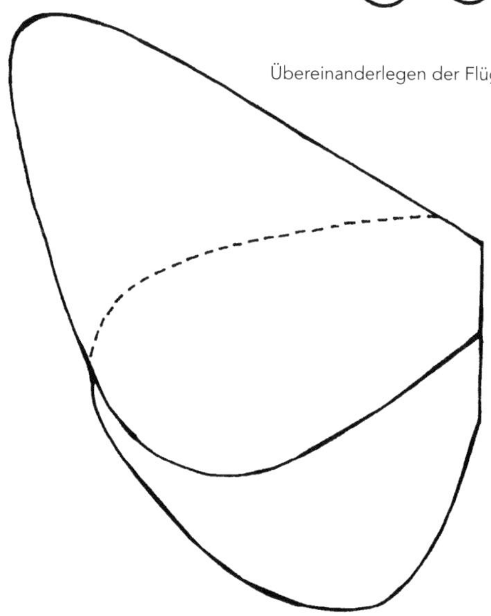

Übereinanderlegen der Flügel

Die Märchenwolle nach Art einer Kurzhaarfrisur am Kopf befestigen, die Seitenhaare sollen aber etwas länger bleiben, sodass man sie zum Schluss als angedeutete Innenrolle frisieren kann (Filznadel).

Kopfschmuck: Zwei Perlenstränge aus je 21 Indianerperlen in verschiedenen Blautönen auffädeln, sie sollen in zwei kleinen Bögen seitlich am Haar über den Innenrollen hängen.

Aus einem Filzrest ein Haarband ausschneiden und um den Kopf legen, dabei werden die Ansatzstellen der Perlenschnüre verdeckt.

Kleine Schmetterlinge (Stirn und Zauberstab) nach dem Schnittmuster aus Zeichenkarton ausschneiden, beidseitig mit Vliespapier bekleben, Überstand abschneiden, einen der Schmetterlinge mit etwas Textilkleber auf das Stirnband kleben.

Schaschlikspieß blau bemalen, oben den anderen Schmetterling anbringen.

Fertigen Zauberstab mit einigen kleinen Stichen an die Handfläche nähen.

Flügel

Architektenpapier beidseitig mit dem blauen, melierten Vliespapier bekleben.

Nach dem Trocknen die Flügel ausschneiden (siehe Skizze).

Flügelteile, wie die Skizze zeigt, übereinanderlegen und nur in der Mitte mit etwas Klebstoff versehen, mithilfe der Heißklebepistole auf die Rückennaht des Oberteils kleben.

Ginkgoelf

● Material

graugrünen, hell-, mittel- und dunkelgrünen Wollfilz

hellgrüne Pongeeseide

Vliespapier («Sizoflor Deko-Vlies»), metallisch-gold

hellgrüne Märchenwolle (Haare)

falls vorhanden 2 große und 1 kleines echtes Ginkgoblatt (gepresst und getrocknet und beidseitig mit Klarlack überzogen), ansonsten Blätter nach der Vorlage aus gelbgrünem Tonkarton ausschneiden

Schaschlikspieß, 8 – 10 cm lang (Zauberstab)

› Arbeitsschritte

Figur anfertigen, Gesicht sticken.

Oberteil aus graugrünem Filz anfertigen, Ärmelbündchen nach Wunsch wellenförmig schneiden, Pumphose aus hellgrüner Pongeeseide nähen.

Die Teile anziehen, Hosenbund am Körper befestigen, Oberteil darüberziehen. Schließen der Rückennaht nicht vergessen.

Aus hellgrüner Märchenwolle Kurzhaarfrisur anfertigen.

Nach dem Schnitt das Ginkgohütchen aus zwei hellgrünen Filzblättern herstellen, an den markierten Stellen einen Kräuselfaden einziehen, zusammenziehen, bis das Hütchen sitzt, mit wenigen Stichen am Kopf befestigen.

Schuhteile zuschneiden (graugrüne Oberseite, dunkelgrüne Sohle).

Zuerst die Fersennaht schließen (kleine Steppstiche), dann die Sohle einpassen, umkrempeln und anziehen.

Flügel

Zwei Lagen des metallischen Vliesstoffes übereinanderkleben.

Ginkgoblätter (ob echt oder aus Tonkarton ausgeschnitten) mit den Stielen aneinanderstoßen lassen und auf den Vliesstoff kleben.

Ca. 1 cm von den Rändern der aufgeklebten Blätter entfernt den Vliesstoff rundherum ausschneiden – es entstehen zwei zusammenhängende Flügelpaare in Form von Ginkgoblättern. Der metallische Stoff gibt nicht nur mehr Stabilität, er lässt die Flügel auch duftiger wirken.

Flügel mit Heißkleber an der Rückennaht des Oberteils anbringen.

Das Schaschlikspießchen grün anmalen, oben ein kleines Ginkgoblatt ankleben, fertigen Zauberstab mit einem Tropfen Heißkleber an der Handfläche befestigen.

Das Blättchen wie auch die Flügel nach Wunsch mit wenig Goldflitter verzieren.

Hinweis

Als Hommage an den asiatischen Ginkgo-Baum, der zu den ältesten Pflanzen der Erde zählt und weder den Laub- noch den Nadelgehölzen angehört, schrieb Goethe, der in diesem Baum ein Freundschaftssymbol sah, folgenden Vers:

Ist es ein lebendig Wesen, das sich
in sich selbst getrennt, sind es zwei,
die sich erlesen, dass man sie als
eines kennt?

Blättchen für den Zauberstab
(falls kein echtes Blatt vorhanden)

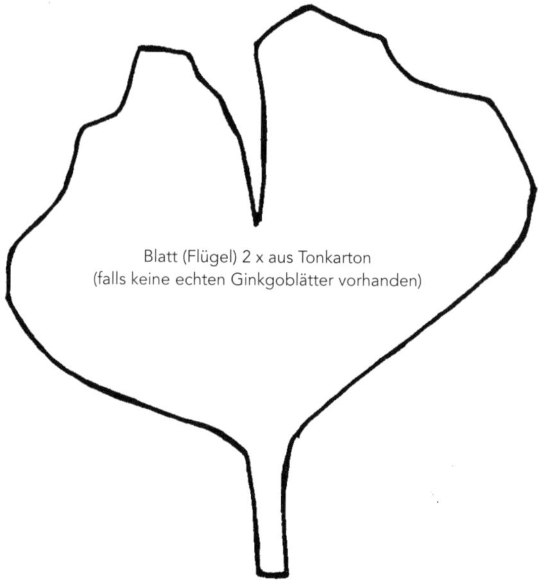
Blatt (Flügel) 2 x aus Tonkarton
(falls keine echten Ginkgoblätter vorhanden)

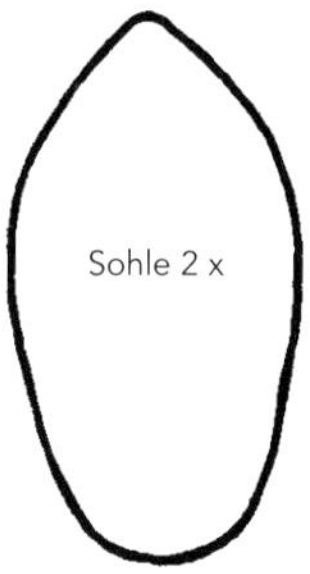
Sohle 2 x

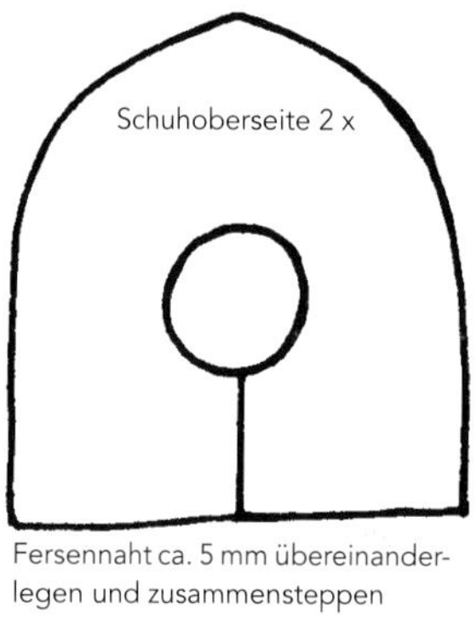
Schuhoberseite 2 x
Fersennaht ca. 5 mm übereinander-
legen und zusammensteppen

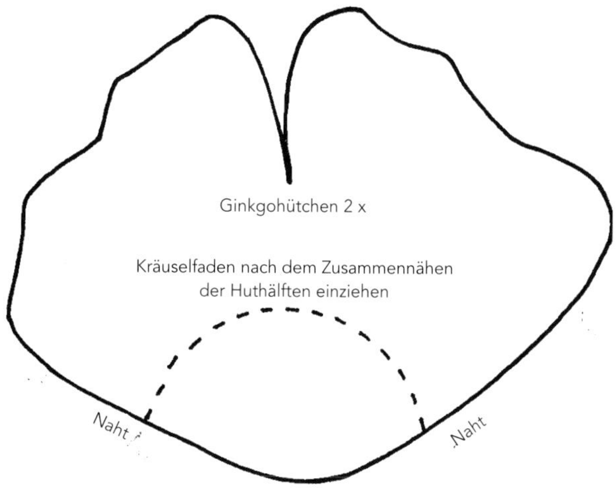
Ginkgohütchen 2 x
Kräuselfaden nach dem Zusammennähen
der Huthälften einziehen
Naht
Naht

Sonnenblumenelf

Material

mittel- und dunkelgrünen, sonnengelben und hellbraunen Wollfilz
hellgrüne Märchenwolle (Haare)
weißen Zeichenkarton
gelbes Silk-Plissee-Band o.Ä.
2 grüne Schleierblätter
schmales gelbes und/oder grünes Satinband
weißes und schwarzes Stickgarn

Arbeitsschritte

Figur anfertigen, Gesicht in diesem Fall mit weißem und schwarzem Garn sticken.

Tipp

Wenn man keinen braunen Puppentrikotstoff bekommt, kann man den Stoff selbst einfärben (z.B. von der Firma Marabu, Gebrauchsanweisung beachten, erhältlich im Bastelladen).

zusätzliche Blättchen für den Blütenkranz (sonnengelb)

grüne Blätter am Gürtel

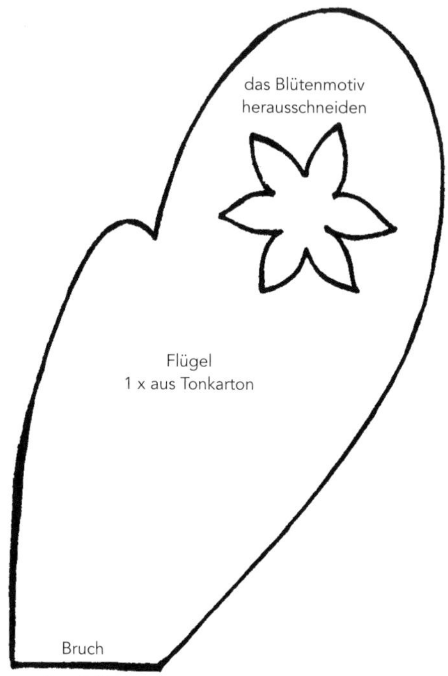

spiegelbildlich ansetzen

Oberteil aus mittelgrünem Filz nähen, Ärmelsäume vor dem Kräuseln blätterförmig ausschneiden, Pumphose aus dunkelgrünem Filz nähen.

Die Teile anziehen, Rückennaht am Oberteil schließen, an der Taille mit ein paar Stichen am Körper fixieren, darüber kommt ein Gürtel aus Satinband.

Drei Filzblättchen zusätzlich vorne am Gürtel befestigen.

Kurzhaarfrisur ohne Pony aus hellgrüner Märchenwolle anfertigen, mit der Filznadel verdichten.

Blütenkranz: Nach der Skizze den Kranz einmal aus sonnengelbem Filz, einmal aus hellbraunem Filz ausschneiden.

Die Kränze versetzt übereinanderkleben (Textilklebstoff), der gelbe Kranz liegt außen.

Blütenkranz dem Gesicht anpassen und ankleben (Textilklebstoff, sparsam).

21 sonnengelbe Blättchen ausschneiden und rund um das Gesicht auf den Kranz kleben, damit die Blüte schön üppig wird.

Flügel

Das Flügelpaar aus weißem Zeichenkarton ausschneiden, Blumenmotiv mit einer Nagelschere herausschneiden.

Flügel mit dem gelben, glatt gestrichenen Plissee-Papier o.Ä. beziehen.

Die Schleierblätter (sie verleihen den Flügeln etwas Luftiges, Leichtes) an der Mittelachse entlang falten und nur unten und mit wenig Alleskleber auf die gelben Flügel kleben.

Nach dem Trocknen die zusammenhängenden Flügelpaare mit Heißkleber auf die rückwärtige Naht des Oberteils kleben und als Abschluss mit einem kleinen Blatt verzieren.

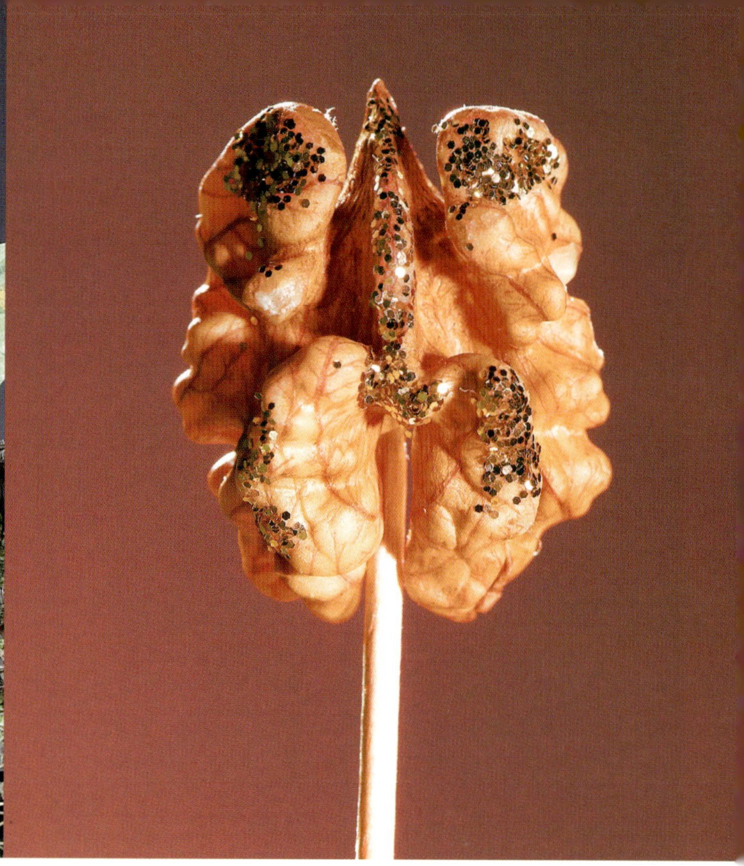

Walnusself

Material

eierschalweißen und walnussbraunen Wollfilz
gelben Tonkarton
grünes Reisseidenpapier (evtl. Loktapapier oder anderes, transparentes Papier mit Faserstrukturen)
2 Schleierblätter (hellbraun)
hellbraune oder rotblonde Märchenwolle (Haare)
die Hälfte einer großen Walnussschale (Kappe)
einen halben Walnusskern
Schaschlikspieß, 8 – 10 cm lang
1 Paar Holzklompen (werden mit dunkelbrauner Bastel- oder Plakafarbe angemalt)
etwas Goldflitter

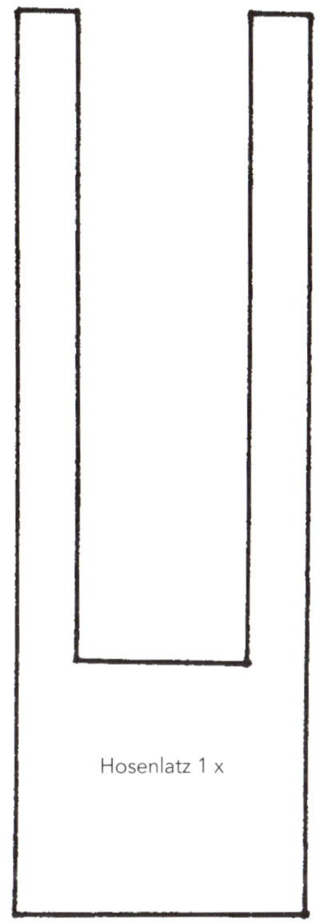

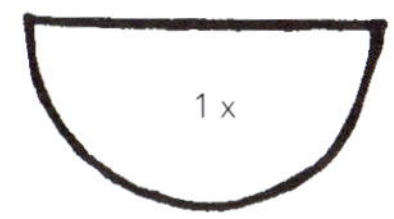

Tasche zum Aufsetzen

› Arbeitsschritte

Figur anfertigen, Gesicht sticken.

Oberteil aus eierschalweißem Filz nähen, Ärmelbündchen in diesem Fall nicht kräuseln, Rückennaht schließen, Pumphose aus walnussbraunem Filz nähen.

Die Teile anziehen, Oberteil mit ein paar Stichen an den Rumpf heften, Ärmel nach innen krempeln.

Hosenlatz nach der Skizze zuschneiden und an die Hose ansetzen, Tasche aufsetzen, Träger am Rücken über Kreuz legen, Enden an den Hosenbund heften.

Kurzhaarfrisur anfertigen, mit der Filznadel in Form frisieren und verdichten.

Die Walnussschale innen mit Heißkleber versehen und leicht schräg auf den Kopf setzen, gut andrücken, bis der Kleber erkaltet ist.

Die dunkelbraun angemalten Holzklompen anziehen; sollten sie vom Fuß rutschen, mit etwas Klebstoff fixieren.

Zauberstab

Den halben Walnusskern oben an das Schaschlikstäbchen kleben, nach Wunsch mit wenig Goldflitter «veredeln».

Stab mit einem Tröpfchen Heißkleber an der Handfläche befestigen. Da der Zauberstab durch die Nuss verhältnismäßig schwer ist, sollte man ihn zusätzlich mit ein paar Stichen am Oberteil festheften.

Flügel

Aus dem gelben Tonkarton das zusammenhängende Flügelpaar ausschneiden (Flügelform wie Erbsenelfe, Schnitt Seite 86), zwei Kreise herausschneiden.

Das grüne Loktapapier o.Ä. beidseitig daraufkleben, Überstand rundherum abschneiden.

Auf jede Flügelhälfte ein ungefaltetes, hellbraunes Schleierblatt kleben, nur am Stielende, mit wenig Alleskleber; durch die Schleierblätter wirken die Flügel duftiger.

Kastanienelf

● Material

kastanienbraunen, etwas grünen Wollfilz
dunkelgrüne Pongeeseiden
rotbraune Märchenwolle (Haare)
gelben Tonkarton / Goldflitter
Deko-Vlies, metallisch-gold oder -kupfer
2 Schleierblätter (hellbraun)
1/2 Kastanienhülle (Kappe) / 1 kleine Kastanie
Schaschlikspieß, 8 – 10 cm lang

› Arbeitsschritte

Figur anfertigen, Gesicht sticken.

Oberteil aus kastanienbraunem Filz nähen (siehe Skizze), vor dem Kräuseln der Ärmel die Bündchen zickzackförmig schneiden, Pumphose aus dunkelgrüner Pongeeseide nähen.

Die Teile anziehen, Hosenbund mit ein paar Stichen am Körper befestigen.

Kurzhaarfrisur aus kastanienbrauner Märchenwolle anfertigen, mit der Filznadel verdichten. Die trockene Kastanienhülle innen mit Heißklebstoff versehen und fest auf den Kopf drücken, bis der Kleber erkaltet ist. Schuhe siehe Ginkgoelf.

Tipp

Der Elf sieht pfiffiger aus, wenn die Kappe etwas schief sitzt. Den Rand der Kappe später mit einem Streifen Goldflitter verzieren.

Zauberstab

Das Holzstäbchen mit Goldflitter versehen, in die kleine Kastanie ein Loch bohren, mit Alleskleber auf den Stab kleben, mit wenig Heißkleber an der Handfläche befestigen.

Flügel

Aus gelbem Tonkarton den Flügelrahmen ausschneiden (Flügelform siehe Wiesenblumenelfen, jedoch nur den großen Flügel verwenden).
Rahmen beidseitig mit dem metallischen Vliesstoff bekleben, Überstand rundherum abschneiden.
Die beiden Schleierblätter an der Mittelachse entlang falten und nur unten mit wenig Alleskleber an das erste Flügelpaar kleben.
Flügel mit der Heißklebepistole direkt auf der Rückennaht des Oberteils anbringen.

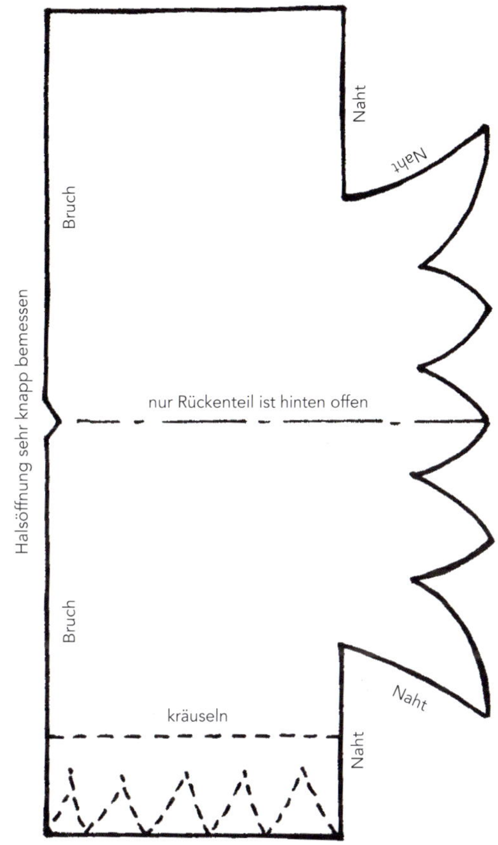

Ärmel erst nach dem Schließen der Nähte im Zick-Zack einschneiden

Hinweis

Wie der Walnusself ist auch der Kastanienelf handfest und kernig, ist er doch einem Baum zugeordnet, dem man eine wahre «Rossnatur» (Rosskastanie) zuschreibt, denn er gedeiht selbst in ungesunder Stadtluft und auch dann, wenn man seinen Wurzelbereich durch Pflastersteine einengt. Große Heilkräfte stecken in diesem Baum: Er liefert uns die wichtigsten Venenheilmittel, sicher nicht zuletzt auch wegen der guten Pflege durch die Elfen.

Rotkappenelf

● Material

eierschalweißen, grünen und rotbraunen Wollfilz
rotbraune Märchenwolle (Haare)
weißes Vlies- oder Loktapapier o.Ä.
Architektenpapier / 2 Schleierblätter (rotbraun oder rot) / 1 Paar Holzklompen (dunkelgrün anmalen)
Schaschlikspießchen, 8 – 10 cm lang
evtl. ein paar ausgestanzte Silbersternchen, Silberfäden und Metallflitter

› Arbeitsschritte

Figur anfertigen, Gesicht sticken.
Oberteil und Pumphose aus dem weißen Filz nähen, Weste (Schnitt siehe seite 61) aus grünem Filz anfertigen, Rückennaht am Oberteil schließen, Ärmelbündchen vor dem Kräuseln wellenförmig schneiden. – Die Teile anziehen, Hosenbund an den Körper heften, Weste nach Wunsch mit silbernen Sternchen versehen.

Kurzhaarfrisur herstellen, evtl. mit der Filznadel nacharbeiten.
Nach der Skizze den Pilzhut anfertigen, die beiden Scheiben knapp am Rand entlang zusammensteppen, umkrempeln, Naht gut ausstreichen, zum Auspolstern des Hutes etwas Wolle verwenden.
Hut mit vielen kleinen Stichen oder mithilfe der Heißklebepistole am Kopf anbringen, er sollte leicht schräg sitzen.

Kleine Pilze

Nach der Skizze zwei kleine Pilze ausschneiden und fertigstellen wie den Pilzhut (nicht auspolstern). Aus einem weißen Filzrest zwei ca. 2 cm breite Streifen schneiden und zu einem Stiel aufrollen, Enden mit Textilkleber bestreichen und mit Stecknadeln fixieren, später die Pilzkappen aufkleben. Ein Pilz kommt auf den Zauberstab, den zweiten hält der Elf in seiner linken Hand.

Zauberstab

Schaschlikspießchen mit etwas Klebstoff bestreichen und mit einem Silberfaden bewickeln (man kann ihn auch mit Flitter bestreuen).
An einen der kleinen Pilze den grünen Blätterkranz kleben (siehe Skizze auf Seite 114) und das Ganze an der Spitze des Zauberstabes befestigen. Zauberstab mit einem Tröpfchen Heißkleber an die Handfläche kleben.

Flügel

Das Architektenpapier beidseitig mit dem weißen Loktapapier o.Ä. bekleben, nach dem Trocknen das zusammenhängende Flügelpaar ausschneiden (Schnitt wie Erbsenelfe, Seite 86.) Die beiden roten Schleierblätter an der Blattader entlang falten und, nur im Bereich der Stiele, auf die weißen Flügel kleben. Fertige Flügel mit einem Strich Heißkleber auf die Rückennaht des Oberteils kleben, nach Wunsch die Schleierblätter mit einem Schnörkel aus Metallflitter verzieren.

Hinweis

Die Tanzflächen der Elfen sollen von einem Ring aus bestimmten Pilzen umgeben sein. Manche dieser Ringe zählen mehr als 500 Jahre. Menschen sollten sich hüten, in einen solchen Ring hineinzutreten.

kleiner Pilz
(am Zauberstab und in der Hand)

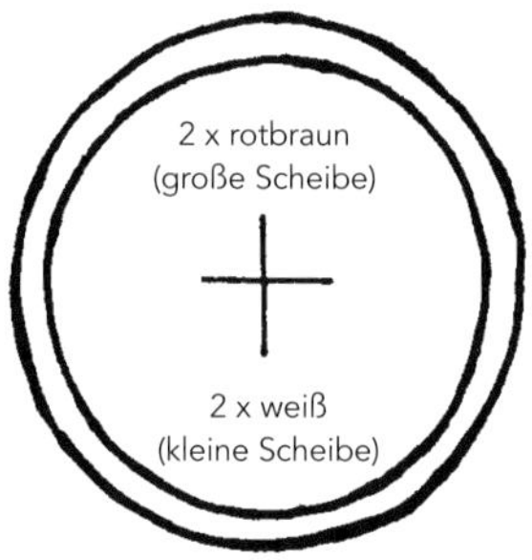

kreuzförmiger Einschnitt nur in die weiße Scheibe

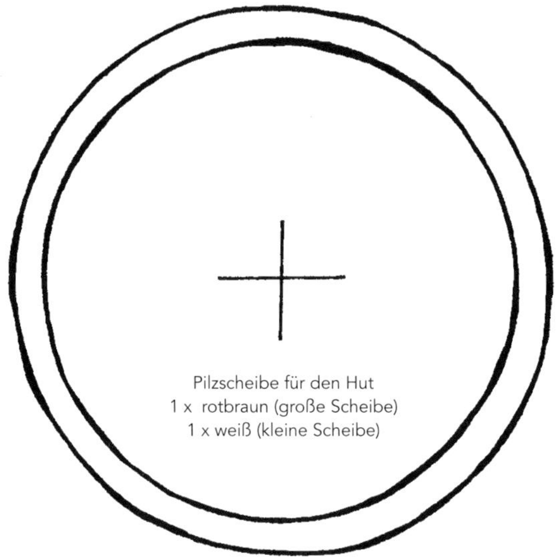

kreuzförmiger Einschnitt nur in die weiße Scheibe

Tipp:
Zunächst einen Kreis ausschneiden,
dann die Zacken frei Hand

grüner Blätterkranz (Zauberstab)

Herbstfee

● Material

leuchtend orangefarbenen, etwas gelben und weinroten Wollfilz
hellorangefarbene Pongeeseide
dunkelgrüne Märchenwolle (Haare)
gelben Fotokarton
orangefarbenen oder hellroten Vliesstoff (faserig, transparent)
Silberfäden
orangefarbene Glasperlen (Indianerperlen)
orangefarbenes Satinband (Geschenkband)
Schaschlickspieß

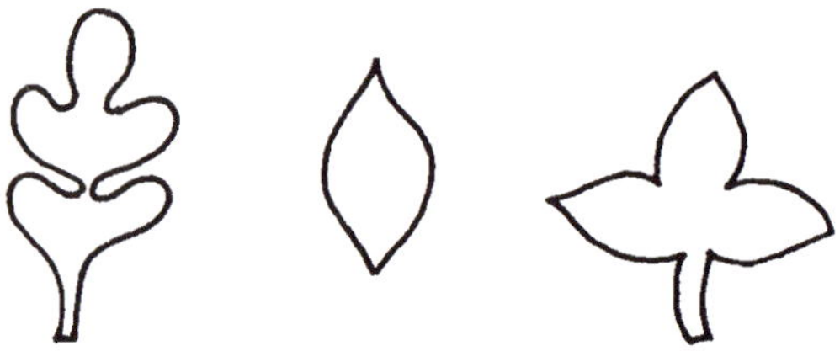

Blättchen je 10 x aus Filz ausschneiden

› Arbeitsschritte

Figur anfertigen, Gesicht sticken.

Oberteil und Unterhose aus orangemfarbenem Filz nähen, Ärmelbündchen blattförmig zuschneiden, Rock aus hellorangefarbener Seide nähen.

Alle Teile anziehen, Oberteil mit wenigen Stichen am Rumpf befestigen, Rückennaht schließen, gekräuselter Rockbund liegt über dem Oberteil, um die Taille kommt ein Satinband.

Zopffrisur herstellen, um den Kopf ein dünnes Haarband aus einem Filzrest legen.

Aus gelbem, weinrotem und orangefarbenem Filz verschiedene Blättchen ausschneiden (siehe Skizzen), insgesamt ca. 30 Stück.

13 der Blättchen um das Haarband verteilen (Textilkleber).

Rocksaum mit bogenförmigen Perlenschnüren besticken und zusätzlich mit Blättern versehen – die Herbstfee soll reich und üppig aussehen.

Aus dem Schaschlikspießchen eine Art Astgabel basteln, grün anmalen, in die Gabel ein Spinnennetz aus Silberfäden weben. Den «Zauberstab» zum Schluss mit einigen Blättchen besetzen und mit einem Tropfen Heißkleber an die Handfläche kleben.

Flügel

Flügelrahmen (siehe Wiesenblumenelfen auf Seite 54) aus gelbem Tonkarton ausschneiden und beidseitig mit orangefarbenem Vliesstoff bekleben, Überstand rundherum abschneiden.

Die beiden kleinen Flügel an die großen setzen, dabei nur die nach innen weisenden Spitzen mit wenig Alleskleber bestreichen. Nach dem Trocknen Flügel mit einem Strich Heißkleber an die Rückennaht drücken.

Flügel nach Wunsch mit Flitterpünktchen verzieren.

Nebelfee

Material

graublauen (hell) und etwas weißen Wollfilz
weiße Pongeeseide
weiße, langfaserige Wolle (Haare)
weißen Zeichenkarton
Deko-Vliesstoff (silber) / 2 Schleierblätter (violett)
weiße und perlmuttfarbene Glasperlen (Indianerperlen) / ausgestanzte Silbersternchen
evtl. türkis-metallischen Silberflitter

Arbeitsschritte

Figur anfertigen, Gesicht sticken.
Oberteil und Unterhose aus graublauem Filz, Rock aus weißer Pongeeseide nähen.
Alle Teile anziehen, Oberteil mit wenigen Stichen an den Körper heften, der gekräuselte Rockbund kommt darüber.
Rocksaum mit bogenförmigen Perlenschnüren besticken. Weil der Rock dadurch recht schwer

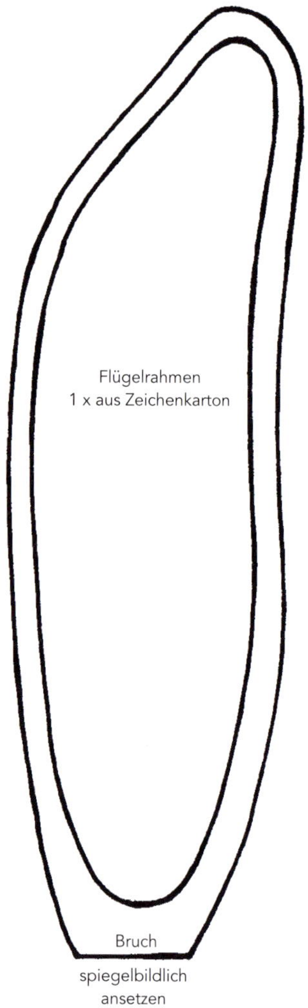

wird, muss man den Bund mit ein paar Stichen an der Taille befestigen.

Langhaarfrisur mit langem Pony aus der langfaserigen, weißen Wolle herstellen.

Spitzhütchen anfertigen und mit weißer Seide beziehen (Schnitt siehe Seite 36).

Fertiges Hütchen leicht schräg aufsetzen (Textilklebstoff).

Pantoffel aus grauem (Oberseiten) und weißem (Sohlen) Filz herstellen (Schnitt siehe Seite 36), mit Metallflitter und Sternchen verschönern.

Flügel

Das Flügelpaar aus weißem Zeichenkarton ausschneiden, Rahmen beidseitig mit silbernem Vliesstoff bekleben, Flügelspitzen mit einem Sternchen verzieren.

Schleierblätter nach Wunsch an der Mittelader entlang mit einem Streifen Flitter bestreuen, trocknen lassen, dann knicken, an den unteren Ecken mit einem Tropfen Alleskleber versehen und an das silberne Flügelpaar kleben.

Fertige Flügel mithilfe der Heißklebepistole an der Rückennaht des Oberteils anbringen.

Schneeelfe

Material

hellblauen, weißen Wollfilz
weiße Pongeeseide
weiße, langfaserige Wolle (Haare)
weißes Plissee-Seidenpapierband
weiße Glasperlen (Indianerperlen)
Schaschlikspieß
weißen Sticktwist (Faden teilen)

Arbeitsschritte

Figur anfertigen, Gesicht sticken.
Oberteil aus hellblauem, Unterhose aus weißem Filz, Röckchen aus weißer Pongeeseide nähen.
Alle Teile anziehen, Rückennaht am Oberteil schließen, Oberteil mit ein paar Stichen an den Rumpf heften.
Kurzhaarfrisur anfertigen, separat geflochtenen Zopf um den Kopf legen.

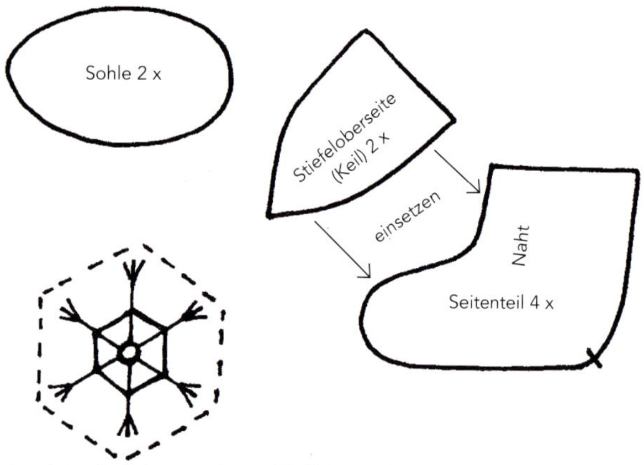

Schneekristall mit Spannstichen auf hellblauen Filz sticken.
Auf die Mitte kommt eine Perle. Zum Schluss Sechseck ausschneiden.

Abbinden des Plisseebandes in der Mitte

Spitzhütchen aus weißem Filz nähen (siehe Skizze Seite 36). In die Spitze einen langen, dünnen Wollflusen einziehen, fertiges Hütchen innen mit Textilkleber bestreichen und aufsetzen.

Herstellung der Plisseepapierflügel siehe «Mohnelf» auf Seite 81. Die Flügelkanten mit wenig Metallflitter versehen.

Nach dem Schnitt weiße Schühchen mit blauen Sohlen herstellen. Wem das zu knifflig ist, zieht seiner Fee einfache Pantoffeln an.

Schneekristalle

Nach der Skizze fünf Schneekristalle mit weißem Sticktwist auf hellblauen Filz sticken, in die Mitte je eine Glasperle setzen und sechseckig ausschneiden.

Aus der langfaserigen Wolle flache «Schneckennudeln» aufdrehen, Durchmesser ca. 3 cm, die Schneekristalle mit Textilkleber daraufkleben.

Alle fünf «Schneeflöckchen» um den Rocksaum verteilen, dazu wenig Textilkleber verwenden.

Zauberstab

Schaschlikspieß auf ca. 8 cm kürzen, weiß anmalen, Schneekristall herstellen, wie oben beschrieben, jedoch 1 cm größer und an jeder Spitze mit einer Perle versehen. Fertige Schneeflocke oben an den Zauberstab kleben.

Christrosenelfe

● Material

weißen, hell- und sonnengelben und etwas grünen Wollfilz
hellgelbe Pongeeseide
hellgrüne Märchenwolle (Haare)
weißes Reisseidenpapier mit Faserstruktur (in diesem Fall sparsam mit Goldfädchen durchwirkt, gefunden auf einem Verkaufsständer für Geschenkpapier)
Architektenpapier
hellgelb-transparente Glasperlen (Indianerperlen)

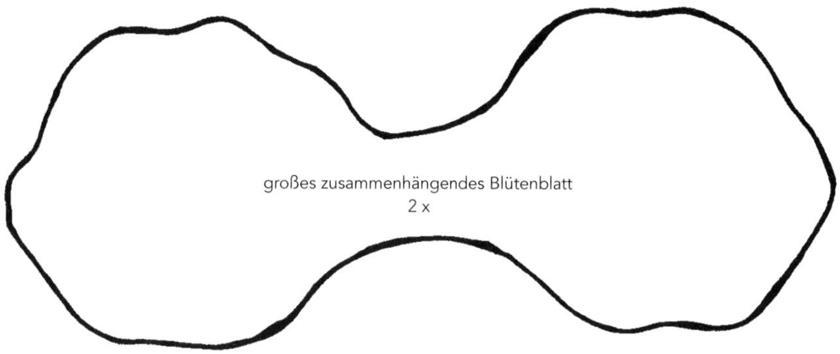

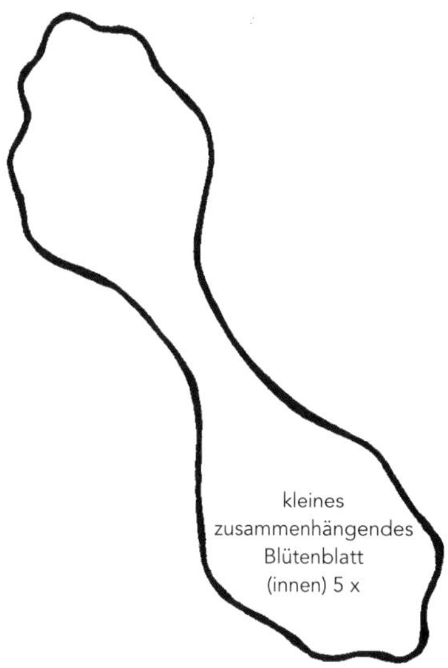

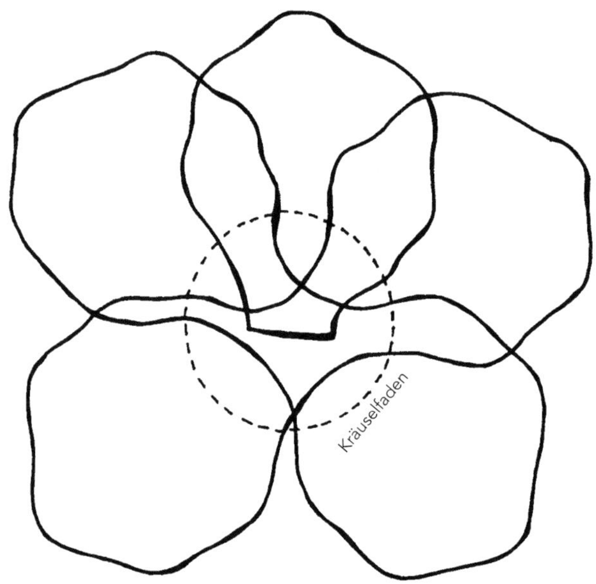

Übereinanderlegen der großen Blütenblätter

Übereinanderlegen aller Blütenblätter
(Blütenhut)

kleine Blüte zwischen den Händen
der Elfe

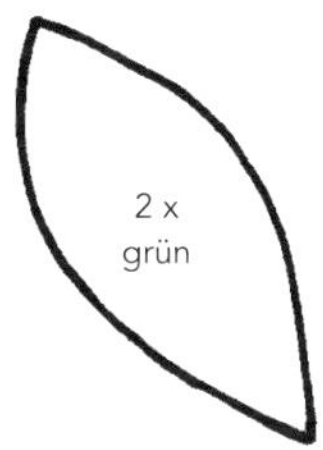

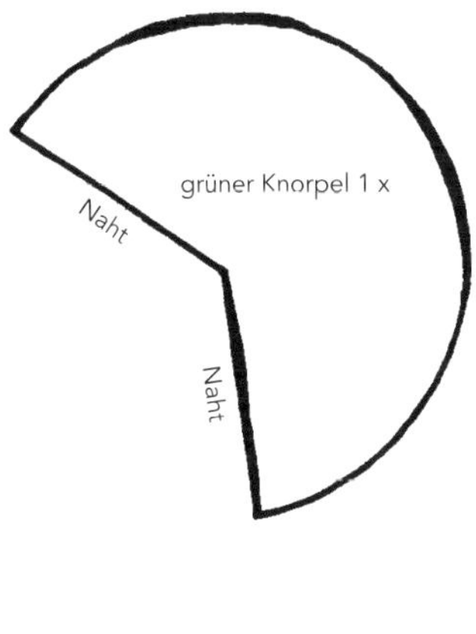

› Arbeitsschritte

Figur anfertigen, Gesicht sticken.

Oberteil aus hellgelbem Filz nähen, Bündchen blattförmig schneiden, Unterhose aus weißem Filz, Röckchen aus hellgelber Pongeeseide nähen.

Teile anziehen, Oberteil am Rücken schließen und am Körper festheften, Rockbund darüberziehen. Pantoffeln nach dem Schnitt auf Seite 36 fertigen.

Aus hellgrüner Märchenwolle Kurzhaarfrisur arbeiten.

Blütenblätter für den Hut nach dem Schnittmuster ausschneiden.

Zunächst die kleinen Innenblätter zu einer Blüte zusammensetzen (Textilklebstoff).

Die großen, äußeren Blätter werden ebenfalls mit ein paar Tröpfchen Textilkleber übereinandergesetzt, dann zieht man zusätzlich einen Reihfaden durch (Skizze) und zieht die Blüte soweit zusammen, bis sich oben eine kleine Wölbung gebildet hat.

In die Mulde, in der Blütenmitte, wird die kleine Blüte geklebt.

Aus sonnengelbem Filz einen Streifen schneiden (ca. 13 x 2,5 cm), eine der langen Seiten im Abstand von ca. 4 mm einschneiden, die Enden der so entstandenen «Strahlen» spitz zuschneiden.

Den gelben «Strahlenkranz» (Staubgefäße) der Elfe aufs Haar setzen, darüber kommt der fertige Blütenhut, er wird wiederum mit Texilklebstoff fixiert. Das Ganze mit Stecknadeln am Kopf feststecken, bis der Klebstoff getrocknet ist.

Nach der Skizze den grünen Knorpel herstellen, einen Filzstreifen als Stiel durch die Mitte ziehen und oben auf dem Blütenhut befestigen.

Das Elfenhaar mit vielen kleinen, transparenten Glasperlen besetzen.

Nach der Skizze eine kleine Christrose anfertigen, die Mitte mit Perlen besticken und zwischen den Händen der Elfe befestigen. Zwei kleine, grüne Blättchen unter die Blüte schieben.

■ Hinweis

Unsere Elfe auf der Abbildung trägt eine gefüllte Christrose als Hut. Wem das zu viel Aufwand ist, stellt eine ungefüllte Blüte her, indem er die kleinen Innenblätter einfach weglässt.

Flügel

Architektenpapier beidseitig mit dem weißen Reisseidenpapier bekleben, daraus die Flügel (Skizze siehe Libellenelf auf Seite 96) herstellen und mit einem Strich Heißkleber an der rückwärtigen Naht des Oberteil anbringen.

Weihnachtstannenelf

● Material

tannengrünen, mittelgrünen, weinroten und braunen Wollfilz / dunkelbraune, ungesponnene Wolle (Haare) / 2 grüne, 2 violette Schleierblätter
1 Paar Holzklompen (mit Goldfarbe anmalen)
Schaschlikspieß, 8 – 10 cm lang (grün anmalen)
1 kleinen, 1 etwas größeren, roten Holzstern (Bastelgeschäft)
weinrote Wachsperlen, 4 mm / etwas Goldfarbe

› Arbeitsschritte

Figur anfertigen, Gesicht sticken.
Aus tannengrünem Filz das Oberteil nähen, Ärmelbündchen zackenförmig schneiden, Weste aus weinrotem Filz (Schnitt siehe Schneckenelf auf Seite 61), Pumphose aus braunem Filz herstellen.
Die Teile anziehen, Rückennaht am Oberteil schließen, Hosenbund mit wenigen Stichen am

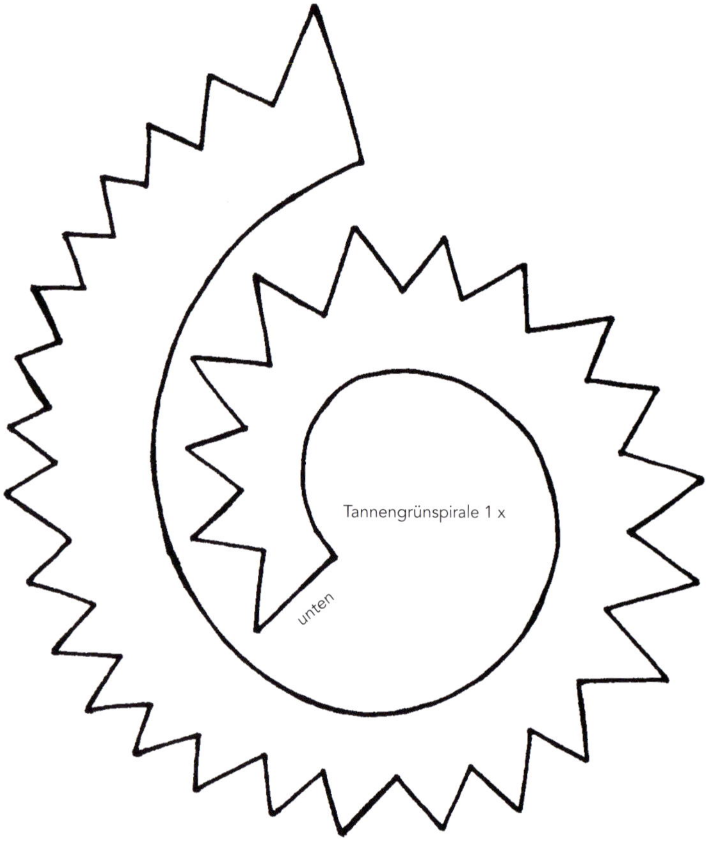

Stern Zauberstab
(falls keine fertigen Holzsterne vorhanden)

Stern Tannenspitze

Rumpf befestigen, Weste dort, wo die Flügel angesetzt werden, mit ein paar Stichen an den Rücken heften. Westenknöpfe aus fünf roten Wachsperlen anbringen.

Kurzhaarfrisur anfertigen, Seitenhaare in diesem Fall etwas länger lassen, um sie zu einer kleinen Innenrolle hochformen zu können.

Die Spitzen der goldenen Holzklompen mit roten Wachsperlen versehen.

Tannenhut: Zunächst einen Spitzhut aus tannengrünem Filz nähen (siehe Skizze auf Seite 36), dann nach der Skizze die zackenförmige Spirale aus mittelgrünem Filz ausschneiden, Spitzhut mit etwas Textilkleber bestreichen und die Spirale, unten angefangen, bis zur Spitze um das Hütchen führen, bis zum Trocknen mit Stecknadeln fixieren. Tannenhütchen mit weinroten Wachperlen besticken, auf die Spitze kommt ein kleiner roter Stern.

Zauberstab: Grün angemalten Schaschlikspieß oben mit einem roten Holzstern veredeln, mit einem Tröpfchen Heißkleber an die Handfläche drücken.

Flügel: Die Schleierblätter an der Mittelader entlang knicken, glatt streichen, gefächert übereinanderkleben (nur unten), mit Heißkleber auf der Rückennaht befestigen, etwas Goldfarbe über die Flügel streichen.

Schnee

Schnee, er flieget leicht und leise,
hüllt die Erde liebend ein,
Sternchen sind es, glitzernd weiße,
uns gesandt von Engelein.

Sterne droben helle funkeln,
leuchten in der finstern Nacht,
Sternenschnee wird unsrer dunkeln
Erd' vom Himmel zugebracht.

Hanna Ruß

Literaturhinweise

Bezugsquellen

Bezugsquellen

Wollknoll GmbH
Forsthausstr. 7
74420 Oberrot-Neuhausen
www.wollknoll.de

(Hier findet man Märchenwolle, farbige, ungesponnene Wolle, Puppentrikotstoff, Wollfilz-Läppchen, Pongee-Seidentücher u. a. m.)

Ruth Rodewald
Oberbank 13
44149 Dortmund
Tel.: 02 31/17 27 27 (Materialliste anfordern)

(Hier erhält man Wollfilz-Zuschnitte in sehr vielen schönen Farben, Puppentrikotstoff u. a. m.)

Wolllust Schurwollversand
Kerstin Quensell-Kettenburg
Am Brinkhof 9
27356 Unterstedt
www.wolllust-schurwollversand.de

Die Wollfabrik Gerd Huppertz
Lürriper Str. 373-375
41065 Mönchengladbach
www.die-wollfabrik.com

Ansonsten wird man in gut sortierten Bastel- und Papierwarenläden sowie in Wollfachgeschäften fündig!

Angelika Wolk-Gerche, 1951 in der Lüneburger Heide geboren. Studium an der FH für Kunst und Design, Hannover. Heute freischaffende Dipl. Textildesignerin und Illustratorin. Mutter von drei Kindern sowie Großmutter. Seit 1995 für den Verlag Freies Geistesleben tätig, hier sind u.a. *Zwergenreiche; Die Indianer; Das alte Ägypten – ein Kultur spielend kennenlernen* sowie zahlreiche Bücher mit Anregungen zum Basteln und Gestalten mit Märchenwolle sowie zur Technik des Filzens, wie beispielsweise der erfolgreiche Titel *Blumen, Schmuck und Accessoires aus Filz* erschienen.
Arbeiten aus der Werkstatt der Autorin bei *Kosmetik & Butike*, Backnang.
www.kosmetik-butike.de

Blumen, Schmuck und Accessoires aus Filz – noch vor wenigen Jahren hätte sie kaum jemand getragen.
Inzwischen ist die Filztechnik weiterentwickelt worden, und Filzkünstlerinnen wie Angelika Wolk-Gerche oder Beatriz Schaaf-Giesser, deren Arbeiten in diesem Buch vorgestellt werden, haben neue Techniken entwickelt, mit denen sich modischer und origineller Schmuck sowie Accessoires wie Taschen oder Tücher selbst herstellen lassen.

Angelika Wolk-Gerche
Blumen, Schmuck und Accessoires aus Filz
88 Seiten, mit zahlreichen farbigen
Abbildungen, gebunden
ISBN 978-3-7725-2226-0

Filz ist ein faszinierendes, vielfältig verwandbares Material. Angelika Wolk-Gerche zeigt, wie sich daraus formschöne und strapazierfähige Spielsachen herstellen lassen. Fingerringe, Zauberblumen, Sterne mit Musik, Iglus, Hasenkappen und noch vieles mehr wird man in diesem Buch entdecken.

Angelika Wolk-Gerche
Spielzeug filzen
80 Seiten, mit zahlreichen farbigen Abbildungen, gebunden
ISBN 978-3-7725-2228-4